爱上数独

Vol.1

〔日〕Nikoli 编

蒋萌 译

科学出版社

北京

内 容 简 介

本书以杂志形式介绍数独相关知识和技巧，旨在推动和普及数独运动，让越来越多的人爱上数独。

本书不仅介绍初级、中级、高级九宫标准数独题目，而且以连载的形式介绍数独的解题技巧、如何成为数独高手、Hard级别数独攻略、数独作家一问一答、新生数独作家座谈会、数独解题工具，以及手工创作数独题目的方法和注意事项。此外还介绍了数和、数回、数方等谜题；为了增加趣味性，书中还设有找不同、连线等有意思的题目；文后附有16宫和25宫数独题目；悬赏数独部分按照相关要求提交答案即可有机会参与抽奖。

本书适用于各层次的数独爱好者。

图书在版编目（CIP）数据

爱上数独Vol.1/（日）Nikoli编；蒋萌译. — 北京：科学出版社，2019
ISBN 978-7-03-062545-8

Ⅰ. 爱… Ⅱ. ①N… ②蒋… Ⅲ. ①智力游戏 Ⅳ. ①G898.2

中国版本图书馆CIP数据核字（2019）第222578号

责任编辑：杨 凯／责任制作：魏 谨
责任印制：师艳茹／封面制作：杨安安

北京东方科龙图文有限公司 制作

http://www.okbook.com.cn

科 学 出 版 社 出版

北京东黄城根北街16号
邮政编码：100717
http://www.sciencep.com

天津新科印刷有限公司 印刷

科学出版社发行　各地新华书店经销

*

2019年10月第 一 版　　开本：720×1000　1/16
2019年10月第一次印刷　　印张：10　插页：1
字数：189 000

定价：**45.00元**

（如有印装质量问题，我社负责调换）

序

1979年前后数独出现在美国的Dell杂志上，但在众多填字游戏中并未引起特别注意。直到1984年日本权威数字谜题出版商Nikoli公司董事长鍜治真起在美国发现了这个游戏，决定引入日本并将其命名为“**数字は独身に限る**”，意思是“每个数字只能出现一次”。

随着数独在日本国内大受欢迎，Nikoli公司在1986年对其进行了两项改良：其一是题目中给出的初始数字限定在32个以内，其二是初始数字的分布采用对称形式，这就是今天我们看到的数独游戏的面貌，1988年更名为“数独”（SUDOKU）。鍜治真起与Nikoli秉持原创精神，坚持以手工打造精致、人性化的“数独”。

目前，数独游戏已经风靡全球，玩家超过2亿人，遍布美国、欧洲、亚洲及澳洲等110个国家和地区。不同国家、文化、语言、教育背景的人都能够享受数独的乐趣。数独的迷人之处在于：它不会一下子给你全部的成就感，而是慢慢让你“上瘾”。你每破解一处，就会获得一点惊喜，但同时又会感觉更加疑惑，不知道下一步会发生什么。于是，在好奇心的驱使下，你会一步步地跟着游戏，慢慢探索，直到最终解开游戏，柳暗花明的兴奋随之而来。

数独无双编辑部将Nikoli公司出版的数独杂志《数独通信》的内容进行精心筛选、重组，以杂志的形式呈现给各位读者，除了传统数独题目外，还有关于数独的解题技巧、手工出题技巧、数独的文化及故事，以及数独作家的访谈，希望能以全新的阅读体验令国内的数独爱好者真正爱上数独。

数独无双编辑部

目　录

数独的规则和解法

在 盘面中填写数字 1~9，使得每行、每列以及每宫内的数字不重复，这就是数独。斜线上的数字不作要求。解题不需要复杂的知识。在确定某个数字之后填入，每道题都可以通过逻辑推理得到最终答案。下面我们来介绍常用的数独解法。如果在做题中遇到卡点，请回到这里参考解法。

解题规则

① 在每个空格内分别填入数字 1 ~ 9。

② 每行、每列和每个 3×3 的粗线宫里分别只能填入一套数字 1 ~ 9。

●例题●

			7	4				9
	1			5		4		
		8	6				1	
		6	9					3
1	5					6	7	
4					6	9		
	3			9	1			
		2		4			7	
6			7	2				

➡

●答案●

3	6	5	1	7	4	2	8	9
9	1	7	2	5	8	4	3	6
2	4	8	6	9	3	7	1	5
8	2	6	9	1	7	5	4	3
1	5	9	4	3	2	8	6	7
4	7	3	5	8	6	9	2	1
7	3	4	8	6	9	1	5	2
5	9	2	3	4	1	6	7	8
6	8	1	7	2	5	3	9	4

解法 ① 宫内排除

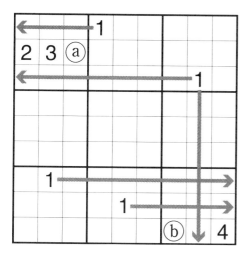

宫内排除是一种基础解法。观察一宫内数字 1 填在哪里，右边的数字 1 所在的行内（如箭头所示）必然不会再次出现数字 1，因此只剩下ⓐ格可以填数字 1。观察九宫，排除掉上方和左边的数字 1 所在的行和列，只有ⓑ格可以填数字 1。

解法 ② 行列排除

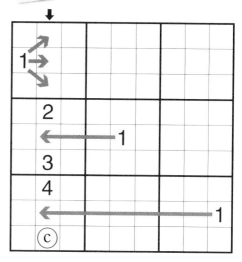

观察箭头所指的 2 列内数字 1 填写的位置，上面三格由于所在宫内有数字 1，可以排除。数字 2 和 3 之间的格子、数字 4 下方的格子所在的行内有数字 1 也可以排除。因此此列数字 1 填在ⓒ格。

数独的王道解法在此

解法 ③ 唯余

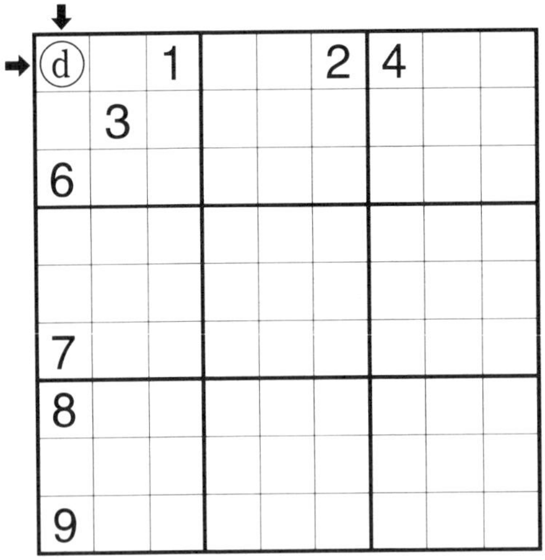

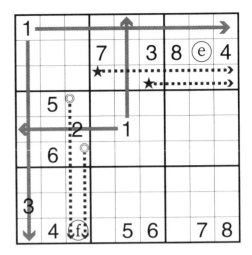

分析某一格可以填什么数字的方法就叫做唯余。观察ⓓ格，此格所在的行内有已知数 1、2 和 4，所在列内有已知数 6、7、8 和 9，所在宫内有已知数 1、3 和 6，与所有已知数不重复的只剩下数字 5。遇到卡点时可以观察是否有格子能使用唯余法。

解法 ④ 区块排除

图中二宫内数字 1 只能填在两个★格内，不论哪种情况下，箭头经过的格子里都不能填数字 1，因此ⓔ格填数字 1。此外，四宫内数字 1 只能填在两个◎格内，不论哪种情况，ⓕ格都不能填数字 1，再用唯余可得到ⓕ格填数字 9。

Nikoli 谜题　找不同

解法 ⑤ 数对占位

			1	2			5	
	3	★			5			
ⓖ	★	4						
				6				
			2					
				1				
1	4							
2	6							
			ⓗ		◎	3	4	◎

一宫内数字 1 和 2 只能分别填在两个★格内，也就是说，这两格内形成了数字 1 和 2 的数对，不可以填其他数字，因此ⓖ格填数字 5。箭头所指的行内，数字 1 和 2 只能分别填入两个◎格内，因此数字 6 不能填入◎格，只能填入ⓗ格。

解法 ⑥ X-wing

2								6
△								▲
3								7
4						1		
				1				
5								
6			4		9			2
7			8		ⓘ			3
▲								△

观察箭头所指的两列，数字 1 分别只能填入△和▲两格内。两组△和▲格又分别处于两行之内，所以虚线经过的格子里都不能填数字 1，因此八宫内数字 1 填在ⓘ格内。

下面两幅图乍一看很相似，仔细观察会发现有细微不同（10处），你都能找出来吗？

（印刷所致的污点不算）

Easy

001

用时: ________

8	4	1	2	5				7
5	6	2	3				9	1
				1	3			
3	1	5		9		2	4	8
			4	2				
4	3				2	1	8	5
7				6	8	4	3	2

002

用时: ________

		4		1	6	3	9	
5	8			2				
				3			8	4
2	1	9		4			6	8
3	4			6		9	7	1
1	9			7				
				8			2	9
	3	6	5	9		1		

003

 用时: _____

1		2				3		4
	7			2			1	
5		6				7		8
		4		1		8		
	8		6		3		4	
		9		7		5		
4		3				2		1
	5			8			3	
8		7				6		5

004

用时: _____

		1					3	
	8		1			6	5	2
3		5		2			7	
	1		6					
		4		8		5		
					1		4	
	4			3		7		1
6	7	3			2		8	
	2					4		

Easy

005

用时: ________

	9			6				
5			1			7	2	
	1	4			7			5
				9			4	
		3		7		5		
	5			3				
3			8			4	9	
	8	9			6			2
				1			3	

006

用时: ________

	4		1	6			9	
		5			3	6		
6				8				4
			2		8			7
	7	9				8	2	
1			5		7			
9				5				8
		4	8			5		
	1			3	2		7	

007

用时：＿＿＿＿＿＿＿

	8	7	3					
	2				1	8	6	3
	5				9			1
	1	8	4		2			5
5			6			3	2	8
3			9				4	
4	6	2	1				5	
					7	3	2	

008

用时：＿＿＿＿＿＿＿

		1				5		
	4		5		1		2	
8				2				7
	6		3		7		9	
		4				6		
	2		1		4		3	
5				7				9
	3		2		5		1	
		6				4		

Easy

009

用 时: ________

				5				1
	7	1	4		9		8	
	5		2			3		
	8	7	3				9	
1								4
	4				6	5	3	
		5			7		1	
	9		6		5	8	4	
2				3				

010

用 时: ________

			2			3	7	
	6			8				5
3		8			4			9
		5			9			
	1			5			6	
			6			7		
4			9			2		3
1				7			9	
	5	6			3			

011

★ 用时：________

1	2	3						
			2	1	3			
4		5				3	2	1
	1		4		5			
3		2		7		4		5
			1		2		6	
5	4	8				2		6
			3	4	6			
						1	7	4

012

★ 用时：________

5	3	4	7				6	8
8					2			9
				3				1
	9			1				5
		1	3	5	6	7		
2				8			1	
1				2				
7			9					4
9	4				8	3	5	6

Easy

013

用时: ________

	7	2				5		
6			5					9
3			6			8	4	
	6	5		3			9	
	8			9		6	3	
	3	1			2			4
4					5			7
		8				1	2	

014

用时: ________

	4							7
2			4		7			
	3			5			8	
		8			5	2		
7				1				9
		6	7			4		
	5			4			3	
			8		6			2
3							6	

015 用时：_____

2				5					1
	4		3		1		7	
		3				5		
		5	4		2	8		
	2			1			6	
		1	6		3	7		
		2				4		
	6		5		4		3	
1				7				2

016 用时：_____

	1			3	2			
		2			9	8		
						4	6	
		3		5			2	1
			9		6			
1	8			4		7		
	5	8						
		7	5			9		
			6	8			4	

017

用时: ________

		2	1	5				
		4		9				
		9	6	8		7	4	3
						5		6
3	9	6				4	2	1
2		8						
1	4	7		6	8	9		
				4		8		
				2	3	1		

018

用时: ________

	2		6			5		
		5		7				8
1					4		9	
		1	2				6	
6								3
	7				3	9		
	6		3					7
3				2		8		
		7			9		4	

019 用时: _____

			2				5	
		1				9		3
	7				4	2		
5					9	7		
				1				
		4	5					6
	4		6				9	
7		3				8		
	2				1			

020 用时: _____

4			2			7		
		5			8			3
		7		4			1	
3						8		
	5			1			7	
		2						5
	6			7			4	
8			3			2		
		1			5			7

021

用时: ________

7	2	8						
						7	8	3
				7	1			
		1	5			8		9
	8						3	
4		3			9	2		
			1	3				
5	7	6						
						4	6	8

022

用时: ________

3	7	4	5					9
5				6			1	
6					3	2		
1					4	8		2
4								6
7		2	6					1
		6	4					8
	1			5				3
8					1	7	6	5

023 用时: _____

1				6	2		4	7
	2				4			8
		3			5			
			4			1	2	6
8				5				3
4	1	9			6			
			5			7		
5			6				8	
6	7		8	4				9

024 用时: _____

			4		2			
3		7				6		4
4	8						5	3
		6	1		9	5		
		8	2		7	1		
6	4						8	2
2		9				7		6
			6		1			

Easy

025

用时：________

5							3	9
	8		7		4			
		1	2			5		
		3			7		6	
7				1				4
	4		9			8		
		2			3	9		
			5		6		1	
9	1							7

026

用时：________

		5		4			1	
3		2						
		6			8	9	5	4
		9	8		2			
7								6
			5		1	8		
9	1	8	3			6		
						2		3
	6			5		4		

027

用时：_____

	1						9	
			9	4		8		
6			3					
	8				7	3		
4			1		9			2
		9	2				6	
					1			7
		8		3	2			
	3						1	

028

用时：_____

1					2			6
	3				7		8	
		2		3		4		
9		1	7		3			4
	7			4			1	
2			1		9	3		8
		4		7		8		
	8		9				4	
3			8					7

029

用时: ________

1	9				6			
				2		3	7	
5				1				8
			7				2	
		6				9		
	3				1			
2				9				6
	7	1		4				
			3				4	7

030

用时: ________

					8		2	6
		9	5			3		1
	6		3			4	7	
	8	3						9
7						5	4	
	2	7			6		9	
5		8			2	1		
3	9		1					

031 用时: _____

2			8			5		
	7			3			2	
		4			2			9
8			5			4		
	4			7			3	
		6			4			1
5			4			2		
	3			9			1	
		1			6			7

032 用时: _____

6		8	5					7
	1			2			6	
	2			8		4		
		3	9		5			
				6				
			8		1	2		
		6		7			3	
	9			1			4	
7					3	9		8

Easy

033

用时: ________

				7	5	8		
					2	6		
4	3	6				5		
6	9							
3								9
							8	3
		5				9	7	8
		8	4					
		3	9	2				

034

用时: ________

3		2		9				
	4		8		3			
7		9		4				
	1		5		9		4	
5		7		1		3		9
	6		2		7		1	
				8		4		7
			7		4		8	
				2		6		3

035

用时: _____

7	6			5	8			
			4			1		6
		9					2	
	8		1					4
9				2				7
5					3		8	
	4					5		
8		3			6			
			9	7			1	8

036

用时: _____

1				8	9			
2	8		7			1		
3			6			2		
	4	5				3		
				7				
		9				6	5	
		3			7			4
		2			8		7	3
			1	9				2

037

用时：_____

	8						9	
2				5				1
			9		2			
		9		8		7		
	1		5		6		8	
		3		4		9		
			3		7			
7				1				5
	3						4	

038

用时：_____

1				9				3
	8			7			6	
		3		8		2		
	9						3	
5		1	8		3	6		9
	2						4	
		4		3		8		
	6			4			9	
7				5				1

039

用时: _____

	1			4			9	
	2	4					6	1
				8	3			
3								
9	8		6		1		3	2
								5
			5	6				
7	3					8	2	
	9			2			4	

040

用时: _____

3	7				8			
		5				6		
			6	7			5	
1					3		4	
	2						1	
	6		7					9
	3			4	6			
		4				5		
			5				2	7

Nikoli 谜题 数字连线

从 1 开始，按数字顺序用线将所有点连接起来，所有点连接完毕，即可看出图形全貌。

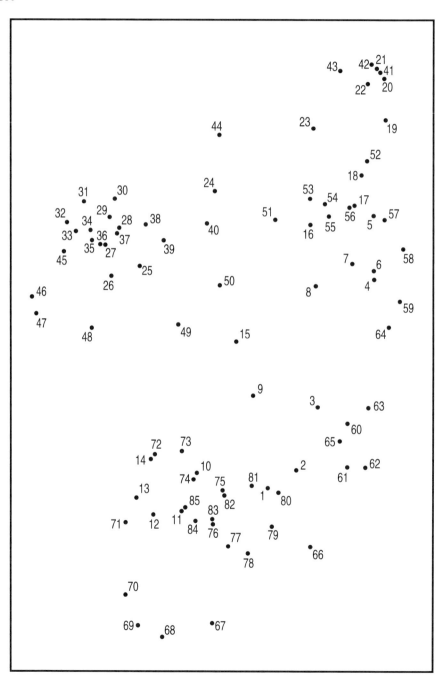

你也可以成为数独高手 第1期

如果你可以轻而易举地解开简单的数独题目，而面对难题却举步维艰，那么欢迎你阅读本栏目。本栏目旨在以连载的形式介绍各种数独解题技巧，以应对多种多样的数独题目，通过学习，你一定能够迎战各类数独题目。

本期主要介绍方法不难、但难在寻找突破口的情况。请看下面的例题。

● 例 题

		8			1			9
	9			4		3		
1			6				2	
	6							1
		1		2		7		
7							3	
	7				8			5
		5		7			4	
2			9			6		

解数独题的基本方法是从某个数字入手，思考其在每一宫怎么填。而本题在三宫内填入数字1之后便寸步难行。

接下来，我们还是尝试从某个数字入手，寻找其在各行各列应该怎么填。本题用这个方法仍旧没有进展，实在令人头疼。

下面我们换一种方法，观察某一格，思考其中可以填什么数字。如果一个空格所在的行、列和宫内有8种数字，那么此格只剩下一种数字可以填。从数独的规则来看，这一点显而易见，可是要想找到这关键的一格却并不容易。

● 中间步骤1

		8			1			9
	9			4		3	1	
1			6				2	
	6							1
		1		2		7		
7							3	
	7				8		Ⓐ	5
		5		7			4	
2			9			6		

请观察中间步骤1中的Ⓐ格。Ⓐ格所在的列内有数字1、2、3和4，所在的行内有数字5、7和8，所在宫内有数字4、5和6，因此Ⓐ格只能填数字9。

填出这一个数字9之后，又能接连填上几个数字。你或许可以就此得到最终答案，又或许会在中间步骤2卡住。

想要突破这一步也并不容易。请观察Ⓑ格所在的行，思考行内数字9应该填在哪里，排除所在列内有数字9的格子可知，数字9只能填入Ⓑ格。从数独的规则来看，这一方法也显而易见，由于中间三宫内没有数字9，因此想要找

● 中间步骤 2

	2	8			1			9
	9			4	2	3	1	
1			6				2	
	6							1
		1		2	Ⓑ	7		
7			1	6			3	
	7				8		9	5
9		5		7	6		4	
2			9			6		

到这个突破点有一定的难度。

填出这个格子之后，就可以顺利解出此题了。如果仍有疑惑，请参考文前的“数独的规则和解法”。

● 答 案

6	2	8	3	5	1	4	7	9
5	9	7	8	4	2	3	1	6
1	4	3	6	9	7	5	2	8
4	6	2	7	8	3	9	5	1
8	3	1	5	2	9	7	6	4
7	5	9	1	6	4	8	3	2
3	7	6	4	1	8	2	9	5
9	8	5	2	7	6	1	4	3
2	1	4	9	3	5	6	8	7

使用本期介绍的解题方法，就可以解开所有的 Medium（中级）题目。从下一期开始，我们将会介绍 Hard（高级）题目的解题方法，敬请期待。

好书推荐

每道题目给出图解过程，介绍每个数字大致以怎样的顺序填入格中，指导读者接下来如何推进。

虽然本书难题居多，但入手容易，即便您刚刚接触数独，也丝毫不必担心。

完全图解数独

完全图解数独 2

太方便了！

数独工具登场！试着自己制作一个吧

我们听说有的玩家在解数独题时除了纸笔也会用到其他工具。很多人使用直尺将行或列挡住，以避免重复填数。有没有其他工具能使解题更简单呢？编辑部以“有了它，解数独题更开心”为题，从读者中征集了各种奇思妙想，下面我们来展示一下实际的操作体会。

宫内排除就靠它

本工具由文前的“数独的规则和解法”而来。这是解数独题最基本的方法，观察一个数字，思考其在每一宫填写的位置。我们用四根竹签组合成下图中的工具。

使用方法很简单，用竹签挡住想要查找的数字已经出现过的行和列。如果宫内没有竹签遮挡的空格只有一个，那么这个数字就填在这里。下图的情况下，四宫内数字 1 就填在数字 4 的右边。

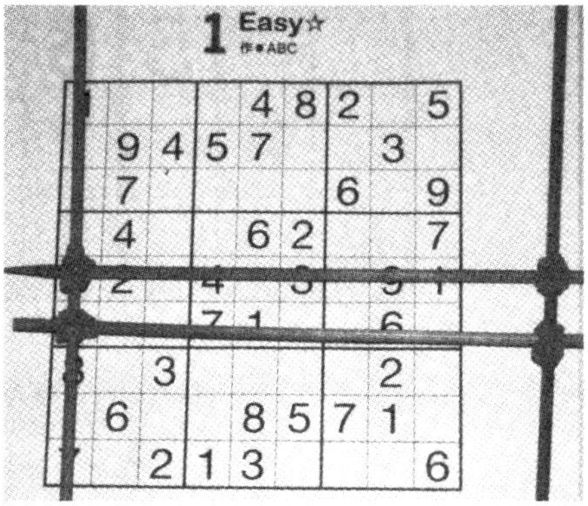

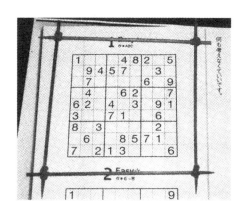

九宫数独中似乎直接用大脑思考比用工具更快，那么反过来它也许对 16 宫和 25 宫数独作用更明显。到时候虽然需要增加竹签的长度和数量，但要好过用手指划线搞错行列，也不妨一试。

这就是行列排除卡纸！

接下来我们看看在行或列中查找某个数字填在哪里能应用上的工具。光看照片也许不太容易理解，这是由两张透明卡纸做成的。当你想要寻找指定行内数字 2 的填写位置时，固定好横向卡纸（标记好目标行），左右移动纵向卡纸，可以清点还有几个格子所在的列内没有数字 2。如果只剩一个，那么数字 2 就填在此格中。照片上最下行内数字 2 就可以用此工具填上。

此工具适合一时间找不到自己要观察的行列的玩家。也许比起九宫数独，它更适合大盘面数独。

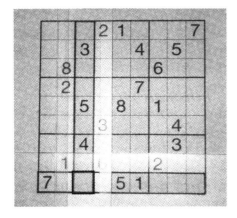

唯余怎么办？

下面我们来看一看唯余，这类工具比较难找。硬要制作的话，需要把九宫的每个格子再分成九等份，在每一小格内填入能填的数字。把不能填的数字的位置涂黑，如果只剩下一个空白小格，那么这一格就填对应的数字。这与在每个格内填入所有候选数没有太大差别，算不上一个好办法。

X-wing 用记号解决？

与唯余相同，针对区块排除和数对占位等都没有太好的工具，比起填什么数字，更倾向于通过排除得出数字。使用工具反而更复杂，不如靠自己来分析。

而针对高级技巧中的 X-wing，我们想到使用记号这一方法。选定一个数字，如果在某一行（或列）内有两个候选格可填，就在格子上面放记号，如果四个记号形成了长方形，就可以使用 X-wing 技巧。光看文字比较难理解，我们来看下图的例题。观察各列中数字 8 填在哪里，1 列、6 列和 8 列内数字 8 的候选格分别只有两个，因此我们把记号放在格内。这时就会发现右侧四个记号围出了一个长方形。因此这四格内可以使用 X-wing 技巧（数字 8 只能填在左上和右下格，或者左下和右上格）。由此可知一宫内数字 7 的左侧格子不能填数字 8，所以 1 列内数字 8 只能填在数字 1 下方。

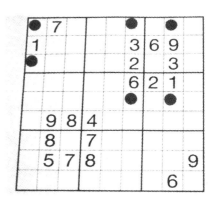

在一筹莫展的时候，似乎可以使用做记号的方法。另外，如果可能性扩展到了三个格子，则可以使用《麻辣数独》系列介绍的剑鱼技巧。这种工具的缺点在于记号多了容易乱，而且记号太小，容易飞走。

检查工具也不能少

除了解题工具，我们还假想了用于检查结果的工具。首先是检查各宫内的数字是否填好。设置一个能够对应各宫内数字1~9的按钮，按下按钮，灯就会亮。先按下已知数的按钮，接着是陆续填上的数字，盘面就越来越亮，最后整个宫都亮了便说明数字都填满了。由于这种工具需要用到电力作业，因此我们没有实际制作，请通过下面的概念图加以理解。你也许会觉得这种操作太过机械化，不过对于16宫甚至25宫数独来说，这不失为一种强有力的工具。

最后我们要介绍的是Nikoli在解16宫以上的大盘面数独时实际应用的检查工具。在记号下方或者左侧三个宫内，如果某个数字已经出现了三次，就在对应数字上做个记号。

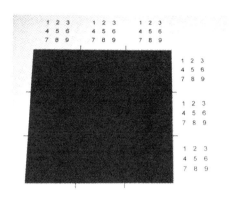

下面这道题四宫、五宫和六宫一开始就有三个数字6，而且在四宫内填入数字1之后，也出现了三个数字1。这时在记号的对应位置把数字1和6圈上，如下图所示。所有数字都被圈上之后这道题就做完了。用可擦笔画圈，完成之后擦掉，这样就可以反复利用。

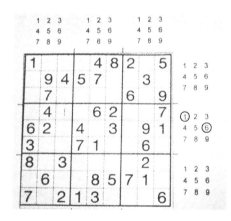

以上是本编辑部研究的数独便利工具，除此之外应该还有更好用的工具。如果你有任何好用的工具，或是关于工具有任何新想法，欢迎与我们联系。收集到一定数量的工具后，我们也许会在今后的《爱上数独》上加以介绍。

数独作家一问一答

第 1 期　红翡翠篇

本栏目每期介绍一位数独作家，听他谈谈数独的妙趣所在，以及出题遇到的困难。本期登场的数独作家是出题 30 年之久的红翡翠。让我们看看他在出题时绝不妥协的一面。

问 1：您第一次见到数独的时候，感觉它与数谜等其他谜题类型有什么不同？

答 1：我第一次购买的 Nikoli 杂志（1986 年 1 月发行）中已经出现数独了。当时数谜是最常见的谜题之一，有其布局上的美感，与此相比，那时数独的布局还是非对称性的，编辑部和部分读者也还只是在摸索中玩数独。

问 2：您第一次创作数独题时有什么感受？

答 2：第一次创作数独题大概是在 1987 年，刊登在次年 7 月发行的 Nikoli 杂志中（下图），我非常开心。当时数独已经进化成人气谜题，对称性已经深入人心了，数独作家层出不穷。面对这样的数独，我决心专注于视觉冲击性。仿佛在布魔法阵一样，这大概源于我不善罢甘休的性格吧。

	1		2		8		4	
5								9
		8		1		6		
1								2
		3		5		7		
9								6
		4		9		2		
2								3
	8		5		7		9	

问 3： 您觉得这 30 年来"数独的进化"体现在哪里？

答 3： 黎明期（1987 年前）的进化很显著，除此之外，数独也进化成了一种很聪明的谜题。

以前高难度数独也就是"此格只能填○"这一种方法，后来出现了很多高级技巧，中级和高级技巧配合使用，难度高却让人沉迷其中的高品质题目也越来越多。这应该是编辑部长年不断和读者交流的产物。

问 4： 那么这 30 年来，您在数独创作方法上有什么变化吗？

答 4： 从解法上来说，我加入了很多新技巧，不过尽量制作赏心悦目的题面这一点基本没变。作为数独作家，我在水平上并不突出，所以努力从外观上提高附加价值就是我的特色。所以在最初布局的确定，以及怎样将数字按规则分配上，我会多花一点时间。

问 5： 您在创作 Easy 级别和 Hard 级别的数独题时比较注意什么？

答 5： Easy 级别的数独虽然简单但又要做得有趣味性，这一点很难把握，我并不擅长。创作 Hard 级别的数独题反而很轻松，主要就是创作出对自己有难度的题目。这本书最后的题目有的人能解开，有的人则解不开，我希望自己能创作出这类题目。

问 6： 您会将数独和数独创作比做什么？

答 6： 嗯……数独应该是"烧烤"吧。形状各异，有手工制作的、也有机器制作的，即便是同类，味道也有细微的差别，而且全世界都可以制作。

如果数独是烧烤，那么数独创作就是"陶瓷工艺"。即使特别想要创造出一道好题，也有成功和失败的时候。当然题目中也会体现出作者的性格，每个作者喜欢的类型也不一样。

问 7： 请对想要出题的人说几句话。

答 7： 数独创作是"陶瓷工艺"，只要想做，谁都可以做到。但实际想做的人好像并不多。学习数独创作方法（本期第 116 页）也好、用自己摸索出的方法也好，首先尝试创作很重要。如果发觉创作数独很有趣，那么他就有数独作家的潜质。如果出了一道题就不想继续下去了，那就一如既往地做一名数独玩家就好。可以这样想吧。

Medium

041

用时: ________

6		2			8			
			5				4	
	5			3		7		
5			1					4
		4	7		3	9		
1					5			6
		8		1			3	
	2				6			
			2			4		8

042

用时: ________

	9			3				
2			1			9		
		4						5
6			9		5	8		
	1						7	
		2	8		4			9
9						2		
		8			2			3
				5			1	

043

用时：_____

				2		1		7
1		8			7	5		
	4			8				
5	6				2			4
				9				
3			6				9	1
				4			3	
		5	3			2		9
2		7		6				

044

用时：_____

						3	8	
1			7		6			
2		5				4		
	6		2		4		1	
				1				
	8		3		5		9	
		4				2		5
			8		1			6
	7	9						

Medium

045

用时：_____

		4	1					
	9			2		7		6
	3			9			8	
		7	4			3		8
				1				
5		6			8	9		
	5			7			4	
8		2		6			9	
					1	2		

046

用时：_____

5	6				1			8
8						6		
		1	2			3	5	
		5	3					9
				5				
4					6	7		
	5	2			9	8		
		8						3
9			5				1	2

047 ★ 用时: _____

7								
8				4		1		
		5	6			2	3	
		6	5					4
				1				
	1				7	8		
	2	3			8	7		
		4		2				5
								6

048 ★ 用时: _____

		3	4					9
	2			5			8	
1					6	7		
4					9	2		
	5			8			3	
		6	7					1
		1	9					2
	3			4			7	
2					7	6		

Medium

049

用时: ________

	9				3			1
		6		4		7		
		5					2	
		2		9				
1			3	2	7			5
				6		4		
	4					8		
		8		7		3		
9			1				7	

050

用时: ________

		5				9		
			6			5		
1			3			4		
6			5				3	
3								8
	9				8			2
		2			1			4
		9			5			
		4				8		

051 ☆ 用时：_____

	9	7	3	2			6	
				5			8	
				8			9	
	7	9	5	6	1	2	4	
	2			3				
	5			1				
	6			9	8	3	2	

052 ☆ 用时：_____

1								3
	5	3				7	2	
			9		4			
				4		5	7	
			6		3			
	6	9		8				
			1		5			
	7	2				6	3	
4								9

Medium

053

用时: ________

					4		2	
					1			
	8			5	6			
	4	6		9		5	3	
3								6
	9	2		4		8	1	
			4	8			9	
			1					
	6		2					

054

用时: ________

		8				3		
	1		3		2		8	
		7				6		
	6		2		3		9	
		1				2		
	3		8		7		5	
		9				7		
	2		1		9		6	
		5				4		

055

用时：＿＿＿＿＿

		6	5			7		
	5						4	
2			3	6				
		9			4		6	
	4						1	
	1		8			5		
				4	6			3
	9						8	
		2		9		4		

056

用时：＿＿＿＿＿

						9		
	6				1	2	8	
4	9	7				3		
	5		8	2	6			
			3	1	5			
			9	4	7		1	
		5				8	4	7
	3	8	1				6	
		9						

Medium

057

用时: ________

	5			1	9			
		4	7			3		2
	6						5	
1							9	
5								7
	2							8
	4						1	
3		7			5	6		
			2	8			4	

058

用时: ________

				9	8	4		
	3			1		7		
	6			5	7	1		
	2					5		
	4	8				3	6	
		5					9	
		3	5	2			8	
		1		8			4	
		2	1	3				

059 ⭐ 用时: _____

2		3			4		6	8
	8							
				9			5	
		9		4		1		
3								2
		6		5		7		
	9			1				
							4	
6	7		8			3		5

060 ⭐ 用时: _____

8				5				9
		9			8		7	
		2				4		
	8				7			
5				4				1
			9				8	
		3				5		
	9		3			6		
1				6				2

Medium

061

用时: ________

				8	2	6	3	
5				4				
9					1			
7		9						
8	4						9	2
						5		4
			3					6
				5				8
	1	3	7	9				

062

用时: ________

			1	2		6		
	5				3			
					4			3
2			7			8	9	
3								2
	1	6			5			4
7			5					
			8				1	
		8		9	6			

063

用时: _____

		7	2		5	1		
3								4
	9			7			3	
		3			9			
2								6
			1			2		
	1			6			8	
4								9
		8	5		2	6		

064

用时: _____

4				1				7
			4	6			1	
	8		7			5		
		2					6	
5		7				1		9
	1					4		
		6		2		8		
	5		4	7				
8			6					2

Medium

065

用时：_____

		3	2					
	9		1					
		4	7			2	8	6
					6		3	
2								9
	1		5					
6	7	8			4	5		
					3		6	
					2	1		

066

用时：_____

9	6			5		2		7
		3		8		4		
					4			
1							7	
	2						5	
	4							1
			7					
	5			3		9		
8		9		2			3	6

067 用时: _____

7					5		3	
		9	6					
				3			4	9
6					1	7		
	9						2	
		2	5					4
3	7			4				
					2	1		
	2		7					6

068 用时: _____

	2			1		6		
		8			3		4	
9			5					1
	3				6			
		9		5		7		
			4				8	
8					1			2
	5		3			1		
		4		6			9	

Medium

069

用时: ________

8								9
					8	1		
	4	6	1		9	8		
	6	3	8		1	2		
		5	3		2	7	8	
		9	7		3	5	1	
		1	9					
3								4

070

用时: ________

6								8
	4		9		2		5	
		7				3		
	6			1			9	
			5		7			
	1			2			7	
		5				6		
	2		3		1		4	
8								3

071 ⭐⭐ 用时：_____

		7	6			2		
	3			1				5
	4		2			8		
			7			1		
	8					9		
	5				4			
	6				9		3	
1				5			6	
	2				7	4		

072 ⭐⭐ 用时：_____

		9	6		3	4		
				2			5	
7				1				6
8								7
	2	1				9	8	
3								5
4			9					3
	5		8					
		6	7		1	2		

Medium

073

用 时: ________

				7			8	5
		6	9					2
	1				4			
	5		3			1		
7								6
		2			1		4	
			4				7	
8					5	3		
2	3			6				

074

用 时: ________

			2			7		
	8					3	4	
3	9				1			
		9		6				2
			7		3			
5				4		8		
			5				9	6
	6	4					1	
		2			8			

075

用时：_____

			5	2		4		
			7				8	2
					4	3		
3				1		5		
	7						9	
		1		3				8
		2	8					
4	6				5			
		9	1	6				

076

用时：_____

		2			1	3	7	
	3		2					8
9			5				4	
			3			5		
			1			9		
	1					7		9
4						8	1	
	7	5	9			2		

Medium

077

用时: ________

3	4	5	9					
8			6			2		
					3		1	
		3						9
	2			5			8	
1						7		
	9		7					
		8			4			1
					6	3	2	7

078

用时: ________

		6	7		5	9		
	4		8	3			1	
	7						2	
		5				7		
	2						3	
	1			8	2		4	
		9	4		6	5		

079

用时: _____

1								4
			5	9	6	3		
								8
	9			8		2		3
	4							5
	6			3		7		2
	2							
		6	2	1	8			
5								9

080

用时: _____

					1			
					3	6		
		7	2	8		4	5	
1	4	6				9		
				5				
		9				8	3	2
		3	6		7	2	1	
		5	2					
			4					

081

用时: ________

5			1		8	3		
	8			6		1		
		7						2
					2		6	
6	7						4	8
	9		5					
1						5		
		3		8			9	
		4	6		7			1

082

用时: ________

					1	4	8	
7	6				2			
3	2				7			
		1		9		5		
			8				4	3
			5				2	7
	1	8	4					

083 用时: _____

					3			
	8		4		7	6		
	1	2				4	9	
9	7						8	
	8						1	4
	4	3				7	6	
		5	8		6	3		
			2					

084 用时: _____

		1				3		
	9					7	6	
6	4				1			5
	3		7					
			1		2			
			8			1		
4			3				8	7
	8	7					2	
		2				9		

085

用时: ________

			2	1	3			
	4						9	
7								6
		5		3		8		
		7	4		8	3		
		1		5		2		
6								5
	8						1	
			9	6	4			

086

用时: ________

1		6	5			3		
				9			5	
	9			2				7
	4		9		2			8
				8				
6			4		1		2	
3				4			7	
	8			1				
		5			7	9		6

Medium

087 用时：_____

		4	5			1		
9				6			2	
	8				7			3
		7					4	
6				2				5
	5					8		
4			6				7	
	3			7				6
		2			8	9		

088 用时：_____

5			8				7	
	9				7			
			4					5
2		3	7			5		
				6				
		4		1		9		8
7					2			
			5				6	
		8			3			9

Medium

089

用时: ________

					8		5	
5					4			8
		3			6			7
7					5		4	
		2				6		
	9		1					3
3			2			8		
1			3					2
	7		4					

090

用时: ________

				1			3	
4		2			7	9		1
	8			2				
	6				1			
3		4				6		7
			3				9	
				8			7	
7		1	6			4		2
	5			9				

091 用时: _____

			3		2		6	
4				8		1		
	2				7			
1		3						6
	7						8	
9						2		5
			1				4	
		8		6				3
	5		4		9			

092 用时: _____

							6	1
			2	7				
9	3					8	4	
			1	9				
7	1						2	5
			5	3				
	6	5				7	9	
			3	8				
	4	2						

Medium

093

用时: ________

	5			8				
		8	7			9		1
	4			6			2	
							5	
2		4		9		7		3
	3							
	2			7			1	
1		9			8	4		
				3			6	

094

用时: ________

	5							
6		7		4				
	9		6		1		8	
				3		1		9
	1						4	
7		2		1				
	6		8		7		2	
				2		7		1
							5	

095

用时: _____

7	8	9						
6				8	9			
5						8	7	
		5	6	7				
	4						5	
				4	5	6		
	1	2						5
			3	2				4
						1	2	3

096

用时: _____

		6					2	
	7		2		3			
		4					9	7
			6					8
	1	2		9		7	4	
7					1			
3	8					1		
			4		8		3	
	5					2		

Medium

097

用时: ________

8					7	4		
		3	6					9
					5			1
	6				4			
	7						4	
			3				1	
4			8					
5					6	9		
		2	9					3

098

用时: ________

		8	6					
	4			9				
	9			7				1
9					8		7	
		4				1		
	3		5					2
6				3			9	
				2			8	
					7	4		

099

用时: _____

			6					
6	2			9			4	5
		8		7		9		
	5					8		
7				3				2
	9					4		
	3		2			7		
4	6		5				9	1
					3			

100

用时: _____

					1		3	9
					4			8
	6	1	5					
	2	9	6					
		5				1		
					3	7	6	
					8	2	7	
5			3					
1	8		2					

Medium

101

用时: ________

							8	5
				2		4	3	
		6	1					
	9		4					
1				5				7
					6		2	
					8	1		
	7	2		9				
3	5							

102

用时: ________

		2				9		
	4						8	
6		9		1		3		5
			2		8			
		3				7		
			4		6			
4		8		5		1		9
	3						2	
		7				6		

103 用时：_____

1				8				3
	4		6		7		1	
				9				
	7						2	
6		9				1		4
	3						6	
				3				
	9		7		1		4	
8				5				9

104 用时：_____

					4	6		
							7	9
	2	3	8					
	8		6	5			2	
	6			2		3		
	4			1	8	9		
						6	1	8
8	5							
		1	5					

Medium

105

用时: ________

9	6			1				
5				6	2			
					7	3		
						8	4	
1	2						9	5
	3	4						
		5	6					
			7	8				1
				9			8	2

106

用时: ________

		4						
	7				8	3		
5						8		
4	8				1			
				9				
			6				3	9
		1						5
		2	7				9	
						4		

107 用时: _____

					4	3	7	6
3		7						
1	4	6						
				8				4
			7	6	9			
7				5				
						4	9	8
						6		1
5	6	9	8					

108 用时: _____

		6	1	7				
		9		3				5
		8						4
	3				4			9
	7			8		3		
8			3				1	
4						7		
1			5			2		
				3	9	6		

Medium

109

用时：________

7						4		
					6			8
	8			3				6
			5				7	
		6		1		2		
	3				8			
5				4			2	
4			7					
		9						3

110

用时：________

		4			1	7		3
		1			8			9
		5			3			
6		3						8
	9						4	
7						9		5
			7			6		
4			2			8		
3		7	9			5		

111 用时: _____

7					2	9	8	6
9								
5			4	3				
8						1		
		7				5		
		3						4
			5	1				3
								2
4	5	6	8					1

112 用时: _____

7	6	9						
5	4							
3				6	5	7		
						6	3	
		6				2		
		1	8					
		7	9	5				3
							6	7
						1	9	8

Medium

113

用时: ________

				5				
		2			7		3	
	1		4			6		
1				9		8		
	4		8		6		7	
		5		2				3
		6			3		5	
	2		9			4		
				1				

114

用时: ________

4		1		6	9			3
							8	
				3				7
		9	3		4	2		
	8						9	
		5	7		1	3		
6				1				
	1							
3			5	4		9		1

115

用时: _____

1			4					
	2	3					7	
				1	9			8
			2					9
	3						1	
4					6			
5			7	8				
	6					2	3	
					1			4

116

用时: _____

5								
	3			2	6	8	4	
					1	9		
6		7					8	
	8					3		7
		4	5					
	2	8	9	3			7	
								1

Medium

117

用时: _____

	1				6			2
		7				4		
8			5	7				
6					1	8		
	2						7	
		3	4					1
				2	7			5
		4				9		
3			1				6	

118

用时: _____

1					2	3		
	9			7			1	
			4	3				9
		3	6					7
	4			8			9	
5					1	4		
2					5	1		
	5			6			4	
		7	1					5

119

用时: _____

					1		5	
				2	3	4		
	5							6
4	7							
	8					6		
						9	2	
7						3		
		2	6	9				
	1		2					

120

用时: _____

			3					
		6			7	4		
				1				9
				6				1
	5	3				8	2	
7			9					
4			2					
	9	8			6			
				4				

Medium

121

用时：________

	5				2			
	6			7			8	4
		4		6		9		
1					4			
	8	6		9		2	4	
			3					8
		2		1		6		
5	9			3			7	
			7				3	

122

用时：________

4			6	8				
7					5			9
						3		
		1	4				2	
	3			9			6	
	5				7	8		
		6						
3			8					7
				3	1			5

123

用时：_____

7			3		1			
	9			2		3		
8							6	4
		8				4		
5	1						2	3
		6				5		
9	5							6
		3		1			9	
			2		4			5

124

用时：_____

			2			9		1
4					5			
	6			8				
		3	9			5		
8								6
		2			3	7		
				6			4	
			1					8
7		5			2			

125

用时: ________

		2			8	9		
1	7			4			8	
				6				5
8			6					
	6	3				4	7	
					9			2
3				7				
	4			2			5	3
		6	8			1		

126

用时: ________

						3		8
		6		7				
	3					9		4
			5		1			
	8						2	
			3		9			
3		5					1	
				9		2		
8		4						

127 用时：_____

7				9					
	6		2			1		
		2			3		5	
				2		6		7
		9				3		
1		8		4				
	5		1			8		
		3			9		4	
				3				2

128 用时：_____

5						2		3
	6	7						
	8					4		1
			1	3	9			
			2		7			
			4	8	5			
1		9					8	
						5	9	
2		3						7

Medium

129

用时: ________

	5					6		8
9							1	
				7	2			
		3			7	5		
	8						9	
		2	6			4		
			4	5				
	1							2
6		7					3	

130

用时: ________

3				8			4	
	4			7		3		1
		5					2	
1			6					
	2						8	
					1			7
	5					2		
8		6		4			3	
	7			3				4

131

用时: _____

4					5			
					2	7		
		9	6			1	3	
	6	5						
	8						4	
						2	9	
	5	7			4	8		
		3	1					
			3					6

132

用时: _____

		5	3					
	7					5	1	
	2				9			7
		7	2		4			6
6			8		3	1		
1			4				8	
	9	6					4	
				2	3			

Nikoli 谜题 数回（Slither Link）

数回是由 0,1,2,3 四个数字组成的谜题，每一个数字，代表四周划线的数目，要求玩家将点与点用纵横方向的直线相连，并在最后得到一个不间断、不分叉的完整回路。没有数字的地方也可以连线，关键在于是否能看出哪里需要连线，哪里不可以连线。此类谜题不但拥有划迷宫般的乐趣，更可以训练自己利用逻辑思维，冷静推断，有系统地抽其丝、剥其茧，脑力全面提升。同数独一样，随着解题的增多，技能也会逐渐提升，让你欲罢不能。

解题规则

① 把点与点以直线和横线相连，使之成为一个完整的回路，只能有一个回路，不能有两个。

② 四个点围起的小正方形中间的数字表示正方形的边数，没有数字的小正方形可以有任意条边。

③ 路线不能交叉，也不能有分叉。

●例题●

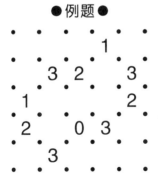

●答案●

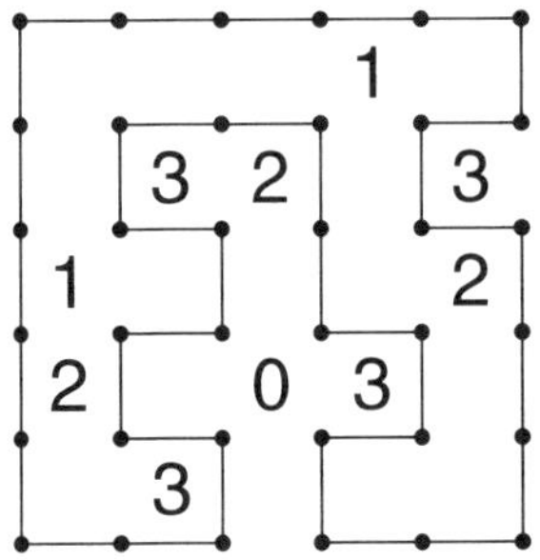

●连线范例●

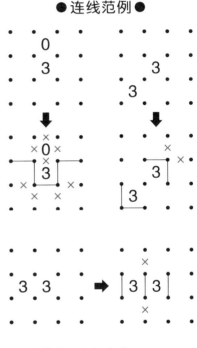

连线模式还有很多种。

一边解题一边掌握技巧吧。

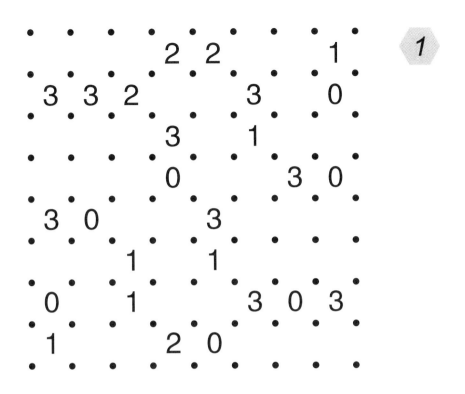

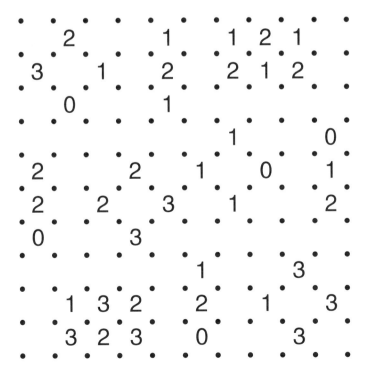

3

	3	2			1		3	3	
0					2				1
2		3	2		2		2		
		1	1					3	
	3				3	0		3	
	2		2	2				1	
	2					2	1		
		2		3		2	1		2
1				0					3
	2	0		3			3	3	

4

2	2			1	2		0	2	
	3								2
	3		3	2	3				
3					3		0		3
		0	1				2		1
3		3				1	0		
2		2		2					3
				3	0	2		3	
3								1	
	3	1		3	1			3	2

新生数独作家座谈会

参加成员： 大日向一富巨、湾狼子、EXPROLER、KENJA

主持兼组织者： 编辑部（安福）

编辑部（安福）（以下简称"安"）： 今天四位20多岁的新生数独作家聚集在此，首先让我做一个简单的介绍。在《麻辣数独》中大展拳脚的大日向一富巨（以下简称"大"），创作范围从数独扩展到各种谜题领域的湾狼子（以下简称"湾"）、EXPROLER（以下简称"E"）、KENJA（以下简称"K"），十分感谢各位的到来。

安： 首先我想问问大家是怎样开始接触数独的。

K： 我的父母一直在买《谜题通信Nikoli》，我大概从小学三、四年级开始做谜题，数独是我做过的众多谜题类型之一。

E： 我是从初中开始，父母很喜欢做谜题，买过《麻辣数独》等书籍。不过我正式解谜题是从上了大学、加入谜题社团开始的。数独是我早期喜欢上的谜题类型，对我来说很特别。

大： 我起初也是因为父母买了《谜题通信Nikoli》才开始做题的。最先喜欢上的是数连，然后是数独。

湾： 我并不是因为父母的影响开始做题的。初中时期开始流行数独，我就是从那时候开始解题的。后来得知了《谜题通信Nikoli》，开始接触各种类型的谜题。

大： 周围的人都在做题，所以我也开始做。

E： 只不过我心里的谜题热潮一直在上涨，跟流行趋势没有关系。

安： 第一次出题时有什么感觉？

大： 成就感很强。因为一开始总也不成功。

E： 现在回想起来，我当时的出题方法可不太好。我是准备好答案和计划空格的图，连蒙带猜地填，做出来就是运气好。

安： 用这种方法很难成功出好题吧。

E： 对，所以我总是换掉答案里的数字，或者调换空格的位置，出5次题才会成功1次。

K： 一开始能出题成功就很满足了，完全没精力考虑难度。

湾： 我是读了Nikoli《数独通信》上的出题教程栏目才开始出题的。"珍珠"（Masyu）等其他谜题创作起来容易，数独却很难。

安： 看来大家都不一样。下面让我们讨论一下数独的趣味性。数独有什么特点呢？

K： 在很多人的印象里，数独是由各种逻辑堆积而成的。其他谜题里常常可以从数字的排列规律找到解题方法，可是数独却不然。

E： 相对的，数独因为数字的排列变化无穷，所以玩起来很有趣。其他的谜题如果想要设计成对称形式，可以发挥的余地就很小，很难出题。

父母对谜题的喜爱给我们耳濡目染的影响。

数独爱好者的年龄偏高，因此今年我们让 20 多岁的新生数独作家谈谈他们的想法。首先从座谈会开始。数独的乐趣在哪里呢？

大：没错，点对称的数独题很容易出。

湾：数独中一个数字就可以影响很多数字，首先对所在行和列的影响就很大。这一点和其他谜题都不同，也许正因为这一点，数独创作才有难度，解起题来也才那么有趣。

大：数独比其他谜题更需要动脑筋，所以解题成功后成就感也更大。

E：发现关键线索时也很兴奋。

K：规则简单，但需要用到各种逻辑思考，这一点很吸引人。

湾：但是数独创作有时候想要增加难度，却容易用简单方法就能够解题成功。

安：关于这一点，我想问问创作了大量数独题的大日向是怎么想的。

大：我总是更注重视觉效果，以视觉享受为出题的大前提，难度其实并没有想太多……

K：怎样才能避免玩家用简单的方法做出来呢？

大：嗯……只能说简单了也没办法吧。

安：各位不喜欢数独的哪一点呢？

湾：我不喜欢看不出用什么高级技巧，一蹶不振的情况。

大：本来很容易就可以解开的题，却迟迟没有看出端倪的时候很生气。会埋怨

自己为什么在这里用掉这么长时间……

E：有时候会被困在题里动弹不得。

K：做数独题时，如果高潮出现得太早，我会就觉得很遗憾。只要做出关键的一步，后面就只剩简单的填数了。其他谜题可以将关键的一步留到最后。

大：数独里不会有大逆转的情况发生呢。

湾：如果填错了倒是有这种可能（笑）。

安：各位在解题遇到卡点时会怎么做？

大：我会把每一格的候选数都写出来。

E：我会逐一观察行列，如果都没有线索，再逐一观察格子。

K：我认为做题也需要一气呵成，所以我会全部擦掉重新开始做，也许就会在遇到卡点之前发现新线索。

湾：如果一个格子只有两个候选数，我就会标出来。

大：我最多一个格子里写三个候选数，再多的话反而不容易看出来。

K：说到底，数独中并没有某种情况下使用某种解法就一定能解开的情况吧。这一点也许和数连很像。

大：不过数连可以猜出答案。

安：数独就很难猜出答案吧？！各位向别人推荐过数独吗？

数独的与众不同。

大：我经常向朋友推荐Easy级别的数独，可是他们都说太难。也许不是题难，而是他们还没有完全理解规则。

安：规则是一方面，玩数独想要到达终点还是需要花一番精力，要填50多个数字。

K：我以前经常向别人推荐，对方也会提起一定的兴趣，但还达不到想买书的地步。

安：大概觉得一周做一次报纸上的题就够了吧。

K：我小学时为了让班里更多的人做谜题，还把题复印出来发给大家呢。

安：哦！大家什么反应？

K：好像都说不明白规则，有的人为了理解规则就要花去30~40分钟……

安：向年轻人推荐数独的时候，应该说数独好在哪里呢？有人说"最适合打发时间"，各位怎么认为？

E：要说打发时间，现在智能手机还有其他媒介逐渐兴起，竞争对手太多了。

K：与其他谜题的不同之处在于，解题并不能一气呵成，而是缓慢地做出答案。可以问问对方喜不喜欢这种动脑方式。

安：缓慢出成果的乐趣，是吧。

K：如果对方想要痛快淋漓的感觉，就给他介绍做题时间短的谜题。

湾：根据对方的情绪推荐谜题吧。

安：这种缓慢出成果的感觉让人联想到"预防老年痴呆"。很多老人也喜爱数独，也许它流行的秘密就在于此。

湾：现在手机里也有数独应用，年轻人也在玩吧？

K：不过大家都在免费玩自动生成的题目吧？我也会想，莫非要我跟免费的东西比试？

安：这么说就只能告诉大家数独的乐趣并不仅限于填格子，更重要的是逻辑思考带来的乐趣。

K：对什么感兴趣是每个人的自由，只不过上年纪的人觉得数独很有趣吧。

安：也就是说，只要宣传数独的趣味性就好，跟年龄无关。

从趣味角度去做题就好。

Hard级别数独攻略

本栏目主要介绍解高难度数独题时需要用到的技巧，是"你也可以成为数独高手"栏目的升级，读过之前内容的读者可以把本文当做复习材料来阅读。虽然本文以九宫数独题为例，但是解题方法也适用于 16 宫和 25 宫数独题，欢迎解不开以上数独题的读者参考本文。

本期讲解的内容是：如何将纵向数字应用于横向（反之亦然）。这句话听上去难懂，而本文作为连载第一期，实际上介绍的是中级技巧的延伸。请先看例题。

● 例题 1

● 中间步骤 1

用文前介绍的解法可以一直填到下图（中间步骤 1）。如果你能继续填下去，也可以不阅读本页。

请注意观察九宫，思考数字 3 应该填在哪里。受三宫的数字 3 的影响，可知九宫的数字 3 应该填入两个★格之一。由于两个★格分布在同一行，无论数字 3 填在哪个★格，此行其他格必然不能填数字 3。由此得到七宫内数字 3 的位置，同样也可以将数字 1、4 和 6 一一定位。

做到这一步后就可以使用文前介绍的解法继续做下去，不过为了加深理解，让我们再次使用上面介绍的方法。思考上图一宫内数字 1 应该填在哪里，可知只能填在两个◎格内。使用同样的思路就可以确定三宫内数字 1 的位置。

综上所述，本期介绍的重点就是一个对列（行）起作用的数字也可以将影响扩大到行（列）。本技巧可以应用在宫内的空格布局为 L 型排列或 T 型排列的时候，做题时请注意观察。

	◎	◎			2			3
	4	5				2	9	
	3	2	9			8		
		8			4			1
				9				
3			5			6		
		9			6	1	4	
1	8	3				7	5	
2	6	4	1					

最后，请尝试解开另一道需要用到本技巧的数独题。本题比例题更复杂，但只要理解了本页的内容，你一定能做出来。遇到卡点时，请注意数字 1。

● 例题 2

		1		4			8	
			8			5		
6					7			3
	2			7			6	
		4				1		
	3			1			5	
8			3					2
		6			2			
	4			5		7		

● 例题 1 答案

9	7	1	8	5	2	4	6	3
8	4	5	6	3	1	2	9	7
6	3	2	9	4	7	8	1	5
5	2	8	7	6	4	9	3	1
4	1	6	2	9	3	5	7	8
3	9	7	5	1	8	6	2	4
7	5	9	3	8	6	1	4	2
1	8	3	4	2	9	7	5	6
2	6	4	1	7	5	3	8	9

● 例题 2 答案

3	7	1	5	4	9	2	8	6
4	9	2	8	6	3	5	7	1
6	8	5	1	2	7	9	4	3
1	2	8	4	7	5	3	6	9
5	6	4	9	3	8	1	2	7
7	3	9	2	1	6	8	5	4
8	5	7	3	9	4	6	1	2
9	1	6	7	8	2	4	3	5
2	4	3	6	5	1	7	9	8

Hard

133

用时: ________

						8		
5	3	9			8	6	4	
						9		
2	1	3		5				
				9				
				6		5	8	2
		1						
	7	8	3			2	9	1
		4						

134

用时: ________

	5	1			2			9
2			8		1			6
8			7			6	2	
	1	3			8			7
4			2		3			8
7			9			5	1	

135

用时：_____

						3	5	
			9				6	
	1	6		4	5		7	
			8					
	7			2			4	
					6			
	4		6	7		9	1	
	5				1			
	2	9						

136

用时：_____

			9			7		
1	2			5		8		
	3				2			
9						6		
	5		6	2	7		4	
		7						5
			2				9	
		1		9			6	2
		4			1			

137

用时: ________

						5		1
	2	6		8				
	9					6		4
			4					
	5			2			7	
					1			
9		4					1	
				7		3	5	
5		2						

138

用时: ________

1			3		5		4	
	2							5
		3		9		6		
7								1
		8		5		2		
9								3
		4		3		7		
6							8	
	5		1		6			9

139 ★ 用时: _____

5				1			3	8
		3						4
	6		2					
		8			5			
			9			6		
					3		7	
6						9		
4	2			7				1

140 ★ 用时: _____

1								4
		5	4			3		
	7	6				2	1	
				2			9	
			3	8	7			
	1			6				
	2	3				7	8	
		4			5	6		
6								9

Hard

141

用时: ________

6			5			4		9
		3			8			
2							5	
	3							1
9							4	
	7							6
			9			2		
5		1			3			8

142

用时: ________

		5	9					
	6					4		
				8	3		7	
		2	5					9
	4						1	
5					6	7		
	1		8	2				
		9					3	
					4	6		

143

用时: _____

						7	1	6
				1				9
		8				2		4
			8		2			
	7						3	
			6		4			
8		6				4		
2				5				
9	1	5						

144

用时: _____

3					4		2	
	6			3		1		
1		4			7			
	9		8					
		1				4		
					6		5	
			6			7		4
		9	2				1	
	5		3					9

Hard

145

用时: ________

9		3		4		5		6
8					6			2
				5		3		
7			6		8			9
		5		9				
5			7					8
1		2		3		4		7

146

用时: ________

9	5					7		
4					8	2		
			1				9	3
		4	3				6	
	8				7	3		
2	9				4			
		1	8					5
		6					3	9

147

用时: _____

8			3		4			6
				1				
		1		2		7		
3								9
	4	7		3		5	2	
9								1
		6		4		9		
				5				
2			6		9			4

148

用时: _____

						2		
	8	1			4			
	9		2					3
		4		1			8	
			7		5			
	6			8		9		
1					3	5		
			9			6	4	
		2						

149

用时：________

								9
		6	4					
	1		3			5		
4		2						
3	5			4			8	6
						7		5
		7			8		6	
					2	3		
9								

150

用时：________

			7			4	2	
		3						8
		8		9				5
			3				7	
		9				8		
	5				4			
4				5		1		
2						5		
	8	5			2			

151

用时: _____

		4						8
			7				6	
		1		2		3		
	7							
5		2		3		4		1
							9	
		3		4		5		
	9				6			
1						8		

152

用时: _____

3	6							2
				5	2			8
				1	3			
	4	7						
	5	9				3	4	
						5	2	
			8	6				
4			9	7				
7							6	9

153

用时: ________

1				8				4
					5	2	6	
9			4					
		7			2			
		6				5		
			1			8		
					7			5
	4	2	3					
8				6				9

154

用时: ________

4			1					
	3					1		6
			6	5			2	
						2		3
	2						7	
1		5						
	7			6	2			
8		9					5	
					9			4

155

用时：________

8	7				5	6		
		1	2					3
					6	7		
		3	4					
7					8	9		
		4	3				5	1

156

用时：________

6					9			4
	1					8		
	5		3					
9		5		1				
		4				3		
				8		5		7
					6		2	
		2					5	
7			4					9

157

用时: ________

		4	3					
	8				6	7		
	9			2				1
				3				5
	6	7				8	9	
2				4				
1				5			4	
		9	2				3	
					8	9		

158

用时: ________

1					7			6
		7		3		4		
	2		5				8	
4						5		
	6			9			2	
		1						3
	5				4		9	
		2		6		8		
3			7					1

159

用时: _____

		7				8		2
					6		5	
	2		8					
3		5			9	7		
				4				
		9	1			2		8
					3		1	
	7		4					
5		6				9		

160

用时: _____

			9				2	
		8					6	1
	6	5			2			
4			5		7	8		
		1	3		6			9
			2			4	7	
9	1					3		
	5				8			

Hard

161

用时: ________

			1	8			5	
		2			7	6		
			2				7	
			4				8	
1		3		5		7		9
	2				6			
	3				1			
		4	3			1		
	5			2	9			

162

用时: ________

							4	2
1	2	3						6
	4	5	6					
		7	8	9				
				1	2	3		
					4	5	6	
4						7	8	9
9	3							

163 用时：_____

		1	3	2				
	4				1			
6						8	5	
	2							6
	7						2	
8							1	
	9	4						7
			5				6	
				4	3	2		

164 用时：_____

						2	6	
						8		
		8	3	6				5
		7					3	8
		3				2		
1	6					4		
2			7	6	9			
			5					
			4	8				

Hard

165

用时: ________

					4			7
		1		5		6		
	3		9				4	
		3						9
	2			1			8	
5						2		
	8				1		3	
		5		6		4		
2			8					

166

用时: ________

	6			3			7	
			4		7			5
		2				1		
	8			5			6	
5			9		6			8
	9			4			5	
		4				8		
1			3		5			
	7			2			1	

167

用时: _____

			3					7
			5					2
1		8			6			
	7	5	2					
		3				6		
					8	1	7	
			6			5		9
4				5				
2				4				

168

用时: _____

			1					
		3	2				5	
	7					6		
9	8				7			
			5				3	4
	5					2		
	9			6	8			
			9					

169

用时: ________

					7		4	
		4				8		1
	3		8					
6				5		7		
	7		1		3		9	
		2		6				5
					9		3	
8		7				6		
	1		5					

170

用时: ________

			7	3				
	8	9			4			
6						1		
7			8				1	
3		1				8		6
	2				1			9
		4						1
			9			5	7	
				6	2			

171

用时：_____

					7	9		
	7					2	3	
		4	1					8
		1	5					
					3	6		
	2				9	7		
		9	8					5
		7	4					

172

用时：_____

			4		6	7	3	
		1	2		3	9		
6	2	3		7				
			9		8	5	4	
	9	7		1	8			
2	8	5		9				

Hard

173

用时: ________

		1		9		6		
			5				8	
			8				2	
			6				4	
		7		5		1		
	2				7			
	3				9			
	8				4			
		9		1		7		

174

用时: ________

			2					8
		5			8		7	
	4			1		2		
2					6			4
	9						2	
5			9					6
		8		7			5	
	7		1			4		
6					3			

175 用时: _____

9		7			6			5
				7		8		
	1				5			3
4		2						
	3			5			2	
						1		4
2			5				3	
		8		6				
1			7			4		6

176 用时: _____

	6			2				
		7	1					5
		4	9				1	
4					1			7
		1				6		
9			3					4
	3				4	9		
2					7	4		
				1			6	

Hard

177

用时: ________

5	3	9						6
								8
			1					5
				2		3		
			4	5	6			
		7		8				
4					9			
8								
6						7	5	2

178

用时: ________

		8		3		4		
			9	5	6			
5		9		6		3		4
	8						7	
4		3		9		2		1
			6	8	7			
		2		4		9		

179

用时: _____

	3	2				8	6	
7								5
6				4				3
			2		9			
		9		5		4		
			8		4			
3				7				8
2								6
	8	7				2	1	

180

用时: _____

	6			7				
8						3		
		1			5			2
6			8			4		
	5			6			1	
		4			3			7
3			4			8		
		7						4
				1			5	

181

用时：________

		6	5		9			
	5			8		2		
	2			3			7	
		2	8					1
8					1	6		
	7			5			8	
		1		4			3	
			9		3	5		

182

用时：________

4			9	3				7
						1		
	2	3				8		
1			4				2	
				5				
	7				6			9
		5				7	8	
		4						
9				6	8			4

183 用时: _____

	9	3			8			
	1					2		6
			4					
			6					2
	2						5	
3					4			
			7					
5		4					8	
			9			1	3	

184 用时: _____

			3			4		
		8			5			
	7			4				5
4				9			5	
		1	2		6	7		
	6			1				9
1				2			8	
				8		1		
		3			7			

185

用时：________

	1			5			9	
			7			2		
7					3		6	
			2					5
		4				3		
6					1			
	4		3					8
		2			9			
	5			7			1	

186

用时：________

	6			9			4	
9				6				7
			2		5			
		1				3		
4	9						6	1
		2				8		
			8		3			
2				1				6
	8			4			2	

187

用时: _____

	5		7		8		1	
4								7
		1		9		2		
3								6
		4		5		8		
9								4
		6		8		9		
2								1
		1	9		6		3	

188

用时: _____

	7						1	
3			1		5			8
		1		2		5		
	1		2				5	
		2				3		
	6				3	4		
		6		3		4		
2			6		4			5
	8						9	

Hard

用时: ________ ★ 189

			4	2	5	10	3								
2			14				9	4	10	11	16			5	
			13	12			14				5	6	2	11	8
	3	6					1				13				12
8	9	11			7	12					3				10
15	12			11	13	3			1	2					14
				5	2			7	9	13			6	15	
		10	3					15	16			2	8	1	
	11	7	15			9	12					1	5		
	13	14			3	11	2			6	1				
3					1	4			7	9	15			14	2
12				16					4	8			9	10	7
16				10				13					12	2	
7	10	15	5	8				3			4	13			
	2			3	14	13	5	9				16			4
								5	11	12	6	15			

190 用时: ________

3											7	6	8	13	12
6	15									9	2	3	7	5	
8	11	5							13	4	12	14	1		
16	7	4	1					10	3	6	8	9			
4	9	1	3	5			15	13		8	10				
	5	7	6	4	9	8	14		12	15					
		11	12		16	7			4	14					
			2	11						5	3				
				9	3						4	7			
					10	16			5	12		8	6		
					7	15		3	11	10	6	2	9	4	
				13	8		12	9			14	10	11	3	5
			15	8	6	9	4					16	3	12	1
		8	10	2	13	12							5	11	7
	12	6	4	10	5									8	9
11	16	9	7	3											2

第一次创作数独题目

数独无双之前录制过数独题目的创作视频（感兴趣的读者可去 b 站观看），直接从实践出发，从确定已知数的位置入手。这次我们采用数独创作的答疑方式，为大家讲解先定好已知数的位置的理由等等。本文不会完整记录出题过程，只希望读者能体验到数独创作的乐趣。

出题是从答案盘面将数字擦掉吗？

我重申一遍，正如解数独题的方法多样，出题的方式也各不相同。只要用能通过逻辑推理将这道题做出来，那么这种出题方法就可行。

进入正题，关于数独创作，大家问得最多的就是这个问题。是不是从答案中将数字擦掉就可以了呢？从结论上来说，不是绝对不行，但是这样很难成功。

比如本书第 1 页的例题，如果每隔一格擦掉一个数字，结果会如何呢？（图 A）

● 图A

3		5		7		2		9
	1		2		8		3	
2		8		9		7		5
	2		9		7		4	
1		9		3		8		7
	7		5		6		2	
7		4		6		1		2
	9		3		1		7	
6		1		2		3		4

做到最后会发现，九宫内数字 5 和 9 可以互换位置。（图 B）

● 图B

3	6	5	1	7	4	2	8	9
9	1	7	2	5	8	4	3	6
2	4	8	6	9	3	7	1	5
8	2	6	9	1	7	5	4	3
1	5	9	4	3	2	8	6	7
4	7	3	5	8	6	9	2	1
7	3	4	8	6		1		2
5	9	2	3	4	1	6	7	8
6	8	1	7	2		3		4

如果将数字擦去三分之二，结果更加惨不忍睹……（图 C）

● 图C

		5			4			9
	1			5			3	
2			6			7		
		6			7			3
	5			3			6	
4			5			9		
		4			9			2
	9			4			7	
6			7			3		

这道题只能做到图 D 这一步。本书中数独题的已知数数量都与此题类似，

	6	5		7	4			9
	1			5		4	3	6
2	4		6			7		
		6			7	5	4	3
	5		4	3			6	
4			5			9		
		4			9			2
	9			4			7	
6			7		5	3	9	4

●图D

这些题都可以根据题内已知数做出最终答案，而上面这道题却做不下去。可见仅仅删掉答案中的数字，很难创作出一道完整的题目。

而且使用这种方法即便创作出了一道完整的题目，想要调整到自己想要的难度也不大可能。

我们尝试先确定已知数（○表示已知数）的位置，如图E所示，按照数字的种类填写，像解题一样出题。

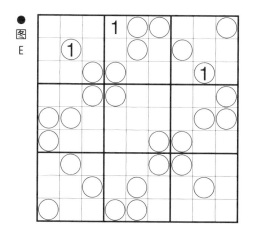

●图E

假如在一宫和三宫的○内填入数字1，二宫内的○内不填数字1，那么二宫内数字1就应该填在这里。这就是

我们出题的推进方式。

只不过这种出题方式中，在填入最后一个数字之前有崩盘的可能。只能在同一行、列或宫内填入重复的数字，这就叫崩盘。这种创作方式从没有答案的状态起步，谁也无法预测是否能够得到最终答案。

这就是数独创作中最难的一点，即便是出题老手也难免时不时崩盘。但是随着对出题越来越熟悉，崩盘的可能性也会降低。

为什么要先确定已知数的位置呢？已知数的布局一定要对称吗？

在回答上一个问题时，我提到过出题老手也难免时不时崩盘，不过也有不崩盘的创作方法。

首先准备好答案盘面（也就是填满数字的盘面），假设几处填数字1，然后在某格加入一个其他数字，那么下一个数字1就可以填上……这样一边看答案一边出题，只要出题过程中没有漏掉的数字，最后一般不会崩盘。图F就是

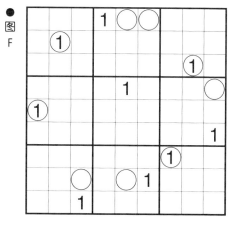

●图F

把答案放在题面下面，将数字 1 填好的例子。

对于从没创作过数独的人，想要体会出题的感觉，不妨尝试这种方法。这样继续下去，后半局也许就会发现，仅仅确定了一个数字，竟然就能填上这么多数字。这一点很重要，也不仅限于数独，只要是通过一个数字可以填上的地方就全部填上。这样也会防止创作过程中漏掉数字。

用这种方法只能按照自己的想法留出已知数，想要对称布局就很难了。可以把它当做体验数独创作的练习。

那么为什么创作数独题时要对称布局呢？

事实上在数独刚刚出现的时候，已知数的布局并不对称。Nikoli《纸笔谜题 数独》的第一册里也有不对称的数独。

只不过随着数独题目越来越多，出题人的水平也逐渐提升，布局美观的对称题目显著增加，自然而然地成了主流。也就是说，这是数独"进化"的结果，对称布局已经成了标准模式。做题人在布局美观和不美观的题之间也会想要做前者。从这个角度来讲，对现在想要开始创作数独的人来说，出题难度上升了。

为了创作布局对称的数独，事先将已知数的位置留出来比较容易出题，所以越来越多的人选用这种办法。至于实际出题过程，我们有计划以连载的形式进行详细讲解。

按数字的种类出题更好，还是以宫或行列为单位出题更好？

下面的讲解是基于事先留出已知数的位置为前提的。由于并不参考答案，所以请注意有崩盘的可能。

事先确定好已知数的位置有两点好处：第一，可以创作出布局美观的题目；第二，更容易调整题目的难度。对于难度的把握，我会在下一个答疑中进行说明。

相对的，我们之前反复强调过它的缺点：有崩盘的可能。与解题相同，如果崩盘了就要从头开始出题，这就是数独创作的难点。

该进入正题了，直接回答上面的问题，按照数字的种类出题更好。以行列或者宫为单位填数很危险。其中的原理很难用语言描述，如果一口气就用上九种数字，崩盘的概率就会大大提高。

比如下面的图 G，以填满宫或行列为基准出题，整体上只填出了三成。

●图 G

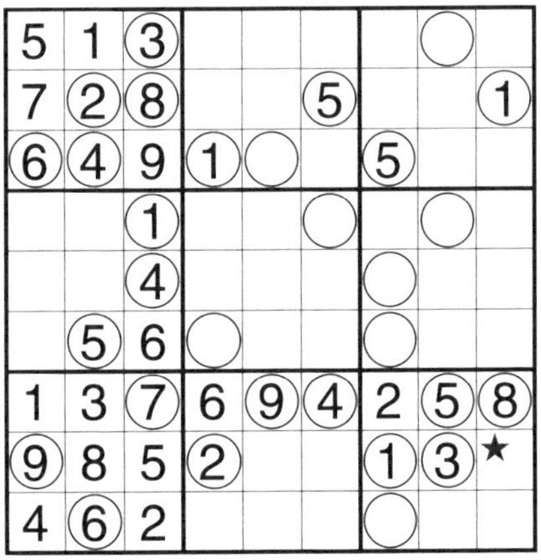

下面看九宫内数字 4 和 6 应该填在哪里……咦？两个数字都只能填入 ★

格！一格内不可以填入两个数字，到这里也就是所谓的崩盘了。

我们在上面故意展示了一个失败的例子，实际上一开局就用上九种数字，必然要兼顾九种数字的情况，很难成功。如果一种数字一种数字地考虑就会轻松许多。

一开始也可以将一种数字全部填完再填下一个数字。图 H 实际上是出第 1 页例题时的中间步骤，六种数字已经全部填完。整体的三分之二已经填好，接下来就可以顺利完成整道题目。

●图H

	6	5	1	⑦	④			⑨
9	①	7		⑤		④		6
	4	○	⑥	9		7	①	5
		⑥	⑨	1	7	5	4	
①	⑤	9	4				⑥	⑦
④	7		5		⑥	⑨		1
7	○	4		6	⑨	①	5	
5	9	○		④	1	6	⑦	
⑥		1	⑦		5			4

不同难度的数独题在创作时有什么区别？

在刚才的答疑中我也说过，事先确定好已知数的位置，更容易调整题目的难度。可调整的难度范围有限，但是可以实现目标难度。有人问是否在开始出题时就要确定难易程度，答案是肯定的。

想要出一道高难度的题，就要引入使用高级技巧的解题局面。

如图 I 中，将数字 3 和 7 写入○格中，一宫内两个△格就形成了数字 3 和 7 的数对（请参照第 3 页），由此可以得出数字 1 的填写位置。这和解题思路是一样的。下面以刚刚填入的数字 1 为线索，将数字 6 填入图上的两个○格中，就可以使用第 1 页介绍的行列排除法，找到七宫内数字 6 的填写位置。

想要打造需要高级技巧才能解开的局面，需要尽量设置在开局阶段。到了后期数字多起来，不需要很动脑筋就可以把数字都填上了。

实际上，本想创作一道高难度的数独题，到最后却可以通过某个数字轻而易举地解开，这种情况也很多见。就连经验丰富的数独作家也不能幸免。这也是大家坚持向数独创作挑战的理由之一。

近期，我们计划在"数独无双"公众号讲解数独创作的实际过程，欢迎届时阅读。

●图I

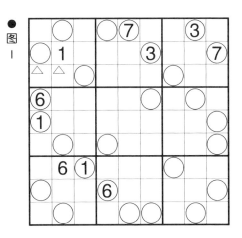

Nikoli 谜题　数和（Cross Sums）

除了数独之外，谜题类型多种多样。

解题规则

① 在空格中填入数字 1~9。

② 斜线右上方的数字表示本格右方相连白格的数字之和，斜线左下方的数字表示本格下方相连白格的数字之和。

例：⑥⑦ 上的数字表示各自在箭头方向上的合计 ⑥⑦→↓。

③ 各行各列中每组相连的白格内，数字不可以重复。

例：⑦ 1 2 4 可以，⑦ 2 3 2 则不可以。

●例题●

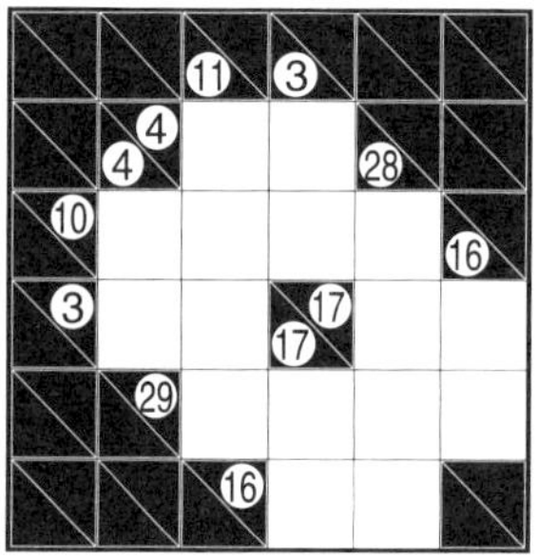

●答案●

【分解举例】

3 → 1・2
4 → 1・3
16 → 7・9
17 → 8・9
6 → 1・2・3
7 → 1・2・4
23 → 6・8・9
24 → 7・8・9
10 → 1・2・3・4
11 → 1・2・3・5
29 → 5・7・8・9
30 → 6・7・8・9
15 → 1・2・3・4・5
16 → 1・2・3・4・6
34 → 4・6・7・8・9
35 → 5・6・7・8・9

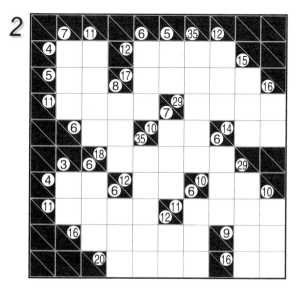

1

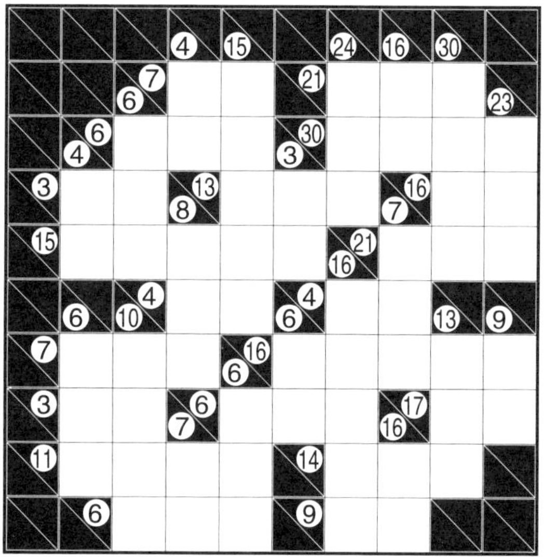

2

Nikoli谜题 数方（Shikaku）

本题要求玩家按照数字分割出相应大小的矩形。解题规则和数独同样简单，深受孩子们的喜爱。大数字和小数字可以分别作为题目的线索。

解题规则

① 在虚线上用纵横方向的直线将盘面分割成几个矩形（包括正方形）。

② 每个矩形里只有一个数字。

③ 矩形中的数字代表矩形中格子的个数。如矩形中的数字是 4，则矩形由 1 × 4、2 × 2 或 4 × 1 的四个格子组成。

●例题●

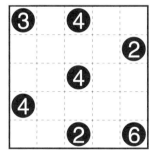

●答案●

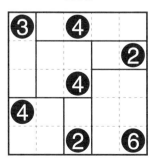

1

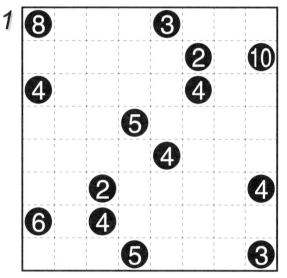

2

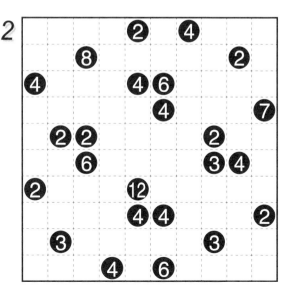

今天我们向喜欢数独的你介绍另外几种有趣的谜题。

数独投稿指南

● 投稿要求

① 在稿件中注明姓名、年龄、地址、电话、笔名（如有）。数独无双征收变型数独、
数独解法、数独相关活动及故事等稿件，为避免混乱，请注明"数独投稿"。

② 编辑部会对稿件进行审核，请另附答案，勿将答案写在题目稿件中。

③ 投稿前请自行解题检查并确认题目难度（初级、中级、高级）。

● 作品投稿承诺

① 请勿一稿多投（一份稿件向不同出版社或媒体投稿）。请勿使用在网站上发
表过的题目投稿。请勿将未过审的稿件再次投稿。

② 投稿作品有可能刊登在《爱上数独》等科学出版社的出版物上。

③ 原则上出版后题目的所有权利归本出版社所有，刊登出的题目部分，出版社
将会支付一定的稿费。

④ 如果作者想将投稿刊登在科学出版社出版物以外的媒体上（例如"数独无双"
微信公众号），请事先注明。投稿后一年之内未被刊载的作品请自由使用。

投稿电子邮箱：

boktp@mail.sciencep.com

《数独无双》编辑部 收

悬赏数独

Easy

姓 名: ________　　联系电话: ____________

6	1							5
2			7	1				
			4	2				
	6	3						
	9	4				1	7	
						8	9	
				9	1			
				4	8			2
1							6	8

姓 名: ________　　联系电话: ____________

				7			1	
		5			4		8	7
	2	6		5				
1	4	8			2			
			9			2	3	4
				6		3	4	
8	6		3			9		
	9			1				

Medium

姓名：_____　　联系电话：_____

	7	2						5
1		5						
4	6		8					
		3		7	9			
			5		1			
			3	8		4		
				2		3	7	
						1		2
6						8	4	

姓名：_____　　联系电话：_____

		6	5	7				
							2	
						1		3
						4	5	6
1	2	3						
5		4						
	6							
				2	1	9		

悬赏数独　　　　　*Hard*

姓名：＿＿＿＿＿＿　　联系电话：＿＿＿＿＿＿＿

		5	14			10	12			16	11				
	2	7	8	1		3	14		13	5	15	10			
14	10		9	12				7	8			1	2		
	3	12		2	4			8	15			9	5		
	7	2	13	3		6	16		11	10	8	15			
		16	5			11	1			6	4				
6	13			8	10			5	4				2	11	
13	9			10	11			1	14				3	12	
		12	15		7	13				4	9				
	5	1		6	16		8	15		12	9	2	14		
4	14			5	3			2	16				6	7	
2	16			7	8			3	6				4	13	
	15	11	4	6		5	9			1	8	10	16		
		3	9			2	4				14	1			

悬赏数独规则：

（1）正确完成 Easy 级别可参与三等奖抽奖，正确完成 Medium 级别可参与二等奖抽奖，正确完成 Hard 级别可参与一等奖抽奖，答案错误者不参与抽奖。

（2）完成相应级别题目后（完成一道题目即可）将该页剪裁下来寄到"数独无双编辑部"，注明参与的抽奖等级（一个人只能选一种）及姓名和电话，复印无效，不接受电子邮件和传真。

（3）活动时间截至 2020 年 1 月 10 日，以寄出时间为准。

（4）2020 年 1 月 16 日"数独无双"微信公众号公布抽奖视频。

（5）邮寄地址：北京市朝阳区华严北里 11 号楼 306　数独无双编辑部 010–8284 0399。

Hard

悬赏数独

姓名：__________　　联系电话：______________

	8			15	7			1		9				16	
3		12		11			13	15			5		1		8
1			4	9		10			11			7			6
	9					16			2	13				14	
		2	1	3			6	4			16	5	12		
	7					1			10					13	
10				4	16					14	15				2
15			11			14			1			6			9
6			14			9			13			4			5
13				12	10					6	1				3
	1					6			9					2	
		11	15	2			7	5			12	8	16		
	14				3	4			6					10	
7			6			5			4		13	14			15
5		16		8			10	14			2		9		1
	2				13		9			7	8			11	

奖项设置：

（1）一等奖一名：100 元电话充值卡。

（2）二等奖三名：50 元电话充值卡。

（3）三等奖十名：30 元电话充值卡。

答案

001

8	4	1	2	5	9	3	6	7
9	7	3	6	8	1	5	2	4
5	6	2	3	4	7	8	9	1
2	9	4	8	1	3	7	5	6
3	1	5	7	9	6	2	4	8
6	8	7	4	2	5	9	1	3
4	3	6	9	7	2	1	8	5
1	2	8	5	3	4	6	7	9
7	5	9	1	6	8	4	3	2

002

7	2	4	8	1	6	3	9	5
5	8	3	4	2	9	7	1	6
9	6	1	7	3	5	2	8	4
2	1	9	3	4	7	5	6	8
6	7	8	9	5	1	4	3	2
3	4	5	2	6	8	9	7	1
1	9	2	6	7	4	8	5	3
4	5	7	1	8	3	6	2	9
8	3	6	5	9	2	1	4	7

003

1	9	2	7	6	8	3	5	4
3	7	8	4	2	5	9	1	6
5	4	6	1	3	9	7	2	8
6	3	4	5	1	2	8	7	9
7	8	5	6	9	3	1	4	2
2	1	9	8	7	4	5	6	3
4	6	3	9	5	7	2	8	1
9	5	1	2	8	6	4	3	7
8	2	7	3	4	1	6	9	5

004

2	9	1	5	6	7	8	3	4
4	8	7	1	9	3	6	5	2
3	6	5	8	2	4	1	7	9
8	1	2	6	4	5	3	9	7
7	3	4	2	8	9	5	1	6
9	5	6	3	7	1	2	4	8
5	4	8	9	3	6	7	2	1
6	7	3	4	1	2	9	8	5
1	2	9	7	5	8	4	6	3

005

2	9	7	5	6	3	8	1	4
5	3	6	1	8	4	7	2	9
8	1	4	9	2	7	3	6	5
1	7	8	6	9	5	2	4	3
9	4	3	2	7	1	5	8	6
6	5	2	4	3	8	9	7	1
3	6	1	8	5	2	4	9	7
7	8	9	3	4	6	1	5	2
4	2	5	7	1	9	6	3	8

006

8	4	3	1	6	5	7	9	2
7	9	5	4	2	3	6	8	1
6	2	1	7	8	9	3	5	4
3	5	6	2	9	8	1	4	7
4	7	9	3	1	6	8	2	5
1	8	2	5	4	7	9	6	3
9	3	7	6	5	4	2	1	8
2	6	4	8	7	1	5	3	9
5	1	8	9	3	2	4	7	6

007

1	8	7	3	6	4	5	9	2
9	2	4	7	5	1	8	6	3
6	5	3	2	8	9	4	7	1
7	1	8	4	9	2	6	3	5
2	3	6	8	7	5	9	1	4
5	4	9	6	1	3	2	8	7
3	7	5	9	2	6	1	4	8
4	6	2	1	3	8	7	5	9
8	9	1	5	4	7	3	2	6

008

2	9	1	7	4	8	5	6	3
6	4	7	5	3	1	9	2	8
8	5	3	6	2	9	1	4	7
1	6	5	3	8	7	2	9	4
3	8	4	9	5	2	6	7	1
7	2	9	1	6	4	8	3	5
5	1	2	4	7	6	3	8	9
4	3	8	2	9	5	7	1	6
9	7	6	8	1	3	4	5	2

009

8	2	9	7	5	3	4	6	1
3	7	1	4	6	9	2	8	5
6	5	4	2	8	1	3	7	9
5	8	7	3	4	2	1	9	6
1	3	6	5	9	8	7	2	4
9	4	2	1	7	6	5	3	8
4	6	5	8	2	7	9	1	3
7	9	3	6	1	5	8	4	2
2	1	8	9	3	4	6	5	7

010

5	4	1	2	9	6	3	7	8
2	6	9	3	8	7	1	4	5
3	7	8	5	1	4	6	2	9
6	2	5	7	4	9	8	3	1
7	1	3	8	5	2	9	6	4
8	9	4	6	3	1	7	5	2
4	8	7	9	6	5	2	1	3
1	3	2	4	7	8	5	9	6
9	5	6	1	2	3	4	8	7

011

1	2	3	9	5	4	6	8	7
8	6	7	2	1	3	5	4	9
4	9	5	8	6	7	3	2	1
7	1	6	4	3	5	8	9	2
3	8	2	6	7	9	4	1	5
9	5	4	1	8	2	7	6	3
5	4	8	7	9	1	2	3	6
2	7	1	3	4	6	9	5	8
6	3	9	5	2	8	1	7	4

012

5	3	4	7	9	1	2	6	8
8	1	7	6	4	2	5	3	9
6	2	9	8	3	5	4	7	1
3	9	6	2	1	7	8	4	5
4	8	1	3	5	6	7	9	2
2	7	5	4	8	9	6	1	3
1	6	3	5	2	4	9	8	7
7	5	8	9	6	3	1	2	4
9	4	2	1	7	8	3	5	6

013

8	7	2	1	4	9	5	6	3
6	1	4	5	8	3	2	7	9
3	5	9	6	2	7	8	4	1
1	6	5	7	3	8	4	9	2
9	4	3	2	5	6	7	1	8
2	8	7	4	9	1	6	3	5
7	3	1	8	6	2	9	5	4
4	2	6	9	1	5	3	8	7
5	9	8	3	7	4	1	2	6

014

8	4	5	9	6	3	1	2	7
2	6	1	4	8	7	3	9	5
9	3	7	2	5	1	6	8	4
4	1	8	3	9	5	2	7	6
7	2	3	6	1	4	8	5	9
5	9	6	7	2	8	4	1	3
6	5	2	1	4	9	7	3	8
1	7	9	8	3	6	5	4	2
3	8	4	5	7	2	9	6	1

015

2	8	6	9	5	7	3	4	1
5	4	9	3	6	1	2	7	8
7	1	3	2	4	8	5	9	6
6	7	5	4	9	2	8	1	3
3	2	8	7	1	5	9	6	4
4	9	1	6	8	3	7	2	5
9	5	2	1	3	6	4	8	7
8	6	7	5	2	4	1	3	9
1	3	4	8	7	9	6	5	2

016

6	1	4	8	3	2	5	9	7
5	7	2	4	6	9	8	1	3
8	3	9	1	7	5	4	6	2
9	4	3	7	5	8	6	2	1
7	2	5	9	1	6	3	8	4
1	8	6	2	4	3	7	5	9
2	5	8	3	9	4	1	7	6
4	6	7	5	2	1	9	3	8
3	9	1	6	8	7	2	4	5

017

7	3	2	1	5	4	6	9	8
8	6	4	3	9	7	2	1	5
5	1	9	6	8	2	7	4	3
4	7	1	2	3	9	5	8	6
3	9	6	8	7	5	4	2	1
2	5	8	4	1	6	3	7	9
1	4	7	5	6	8	9	3	2
6	2	3	9	4	1	8	5	7
9	8	5	7	2	3	1	6	4

018

7	2	3	6	9	8	5	1	4
4	9	5	1	7	2	6	3	8
1	8	6	5	3	4	7	9	2
9	3	1	2	8	7	4	6	5
6	4	8	9	5	1	2	7	3
5	7	2	4	6	3	9	8	1
8	6	9	3	4	5	1	2	7
3	1	4	7	2	6	8	5	9
2	5	7	8	1	9	3	4	6

019

4	6	8	2	9	3	1	5	7
2	5	1	7	8	6	9	4	3
3	7	9	1	5	4	6	2	8
5	8	2	3	6	9	7	1	4
6	3	7	4	1	2	5	8	9
1	9	4	5	7	8	2	3	6
8	4	5	6	2	7	3	9	1
7	1	3	9	4	5	8	6	2
9	2	6	8	3	1	4	7	5

020

4	3	6	2	5	1	7	8	9
1	9	5	7	6	8	4	2	3
2	7	8	9	4	3	5	1	6
3	1	9	5	2	7	8	6	4
6	5	4	8	1	9	3	7	2
7	8	2	6	3	4	1	9	5
5	6	3	1	7	2	9	4	8
8	4	7	3	9	6	2	5	1
9	2	1	4	8	5	6	3	7

021

7	2	8	3	6	4	1	9	5
6	1	4	9	2	5	7	8	3
3	9	5	8	7	1	6	4	2
2	6	1	5	4	3	8	7	9
9	8	7	6	1	2	5	3	4
4	5	3	7	8	9	2	1	6
8	4	2	1	3	6	9	5	7
5	7	6	4	9	8	3	2	1
1	3	9	2	5	7	4	6	8

022

3	7	4	5	1	2	6	8	9
5	2	9	7	6	8	3	1	4
6	8	1	9	4	3	2	5	7
1	6	5	3	7	4	8	9	2
4	3	8	1	2	9	5	7	6
7	9	2	6	8	5	4	3	1
9	5	6	4	3	7	1	2	8
2	1	7	8	5	6	9	4	3
8	4	3	2	9	1	7	6	5

023

1	8	5	3	6	2	9	4	7
9	2	6	1	7	4	5	3	8
7	4	3	9	8	5	6	1	2
3	5	7	4	9	8	1	2	6
8	6	2	7	5	1	4	9	3
4	1	9	2	3	6	8	7	5
2	3	8	5	1	9	7	6	4
5	9	4	6	2	7	3	8	1
6	7	1	8	4	3	2	5	9

024

9	6	5	4	3	2	8	7	1
3	1	7	5	9	8	6	2	4
4	8	2	7	1	6	9	5	3
7	2	6	1	4	9	5	3	8
1	9	4	8	5	3	2	6	7
5	3	8	2	6	7	1	4	9
6	4	1	9	7	5	3	8	2
2	5	9	3	8	4	7	1	6
8	7	3	6	2	1	4	9	5

025

5	2	4	6	8	1	7	3	9
3	8	9	7	5	4	6	2	1
6	7	1	2	3	9	5	4	8
2	9	3	8	4	7	1	6	5
7	6	8	3	1	5	2	9	4
1	4	5	9	6	2	8	7	3
4	5	2	1	7	3	9	8	6
8	3	7	5	9	6	4	1	2
9	1	6	4	2	8	3	5	7

026

8	9	5	6	4	7	3	1	2
3	4	2	9	1	5	7	6	8
1	7	6	2	3	8	9	5	4
5	3	9	8	6	2	1	4	7
7	8	1	4	9	3	5	2	6
6	2	4	5	7	1	8	3	9
9	1	8	3	2	4	6	7	5
4	5	7	1	8	6	2	9	3
2	6	3	7	5	9	4	8	1

027

8	1	4	7	2	5	6	9	3
3	2	5	9	4	6	8	7	1
6	9	7	3	1	8	4	2	5
2	8	1	4	6	7	3	5	9
4	6	3	1	5	9	7	8	2
7	5	9	2	8	3	1	6	4
5	4	6	8	9	1	2	3	7
1	7	8	5	3	2	9	4	6
9	3	2	6	7	4	5	1	8

028

1	5	8	4	9	2	7	3	6
4	3	6	5	1	7	9	8	2
7	9	2	6	3	8	4	5	1
9	6	1	7	8	3	5	2	4
8	7	3	2	4	5	6	1	9
2	4	5	1	6	9	3	7	8
6	2	4	3	7	1	8	9	5
5	8	7	9	2	6	1	4	3
3	1	9	8	5	4	2	6	7

029

1	9	3	8	7	6	4	5	2
4	6	8	5	2	9	3	7	1
5	2	7	4	1	3	6	9	8
9	1	5	7	6	4	8	2	3
7	4	6	2	3	8	9	1	5
8	3	2	9	5	1	7	6	4
2	8	4	1	9	7	5	3	6
3	7	1	6	4	5	2	8	9
6	5	9	3	8	2	1	4	7

030

4	3	5	7	1	8	9	2	6
2	7	9	5	6	4	3	8	1
8	6	1	3	2	9	4	7	5
6	8	3	2	4	5	7	1	9
9	5	4	8	7	1	6	3	2
7	1	2	6	9	3	5	4	8
1	2	7	4	5	6	8	9	3
5	4	8	9	3	2	1	6	7
3	9	6	1	8	7	2	5	4

031

2	1	9	8	4	7	5	6	3
6	7	8	9	3	5	1	2	4
3	5	4	1	6	2	7	8	9
8	9	3	5	2	1	4	7	6
1	4	5	6	7	9	8	3	2
7	2	6	3	8	4	9	5	1
5	6	7	4	1	3	2	9	8
4	3	2	7	9	8	6	1	5
9	8	1	2	5	6	3	4	7

032

6	3	8	5	9	4	1	2	7
5	1	4	3	2	7	8	6	9
9	2	7	1	8	6	4	5	3
2	7	3	9	4	5	6	8	1
8	5	1	7	6	2	3	9	4
4	6	9	8	3	1	2	7	5
1	8	6	4	7	9	5	3	2
3	9	5	2	1	8	7	4	6
7	4	2	6	5	3	9	1	8

033

1	2	9	6	7	5	8	3	4
8	5	7	3	4	2	6	9	1
4	3	6	8	9	1	5	2	7
6	9	1	7	8	3	2	4	5
3	8	2	5	1	4	7	6	9
5	7	4	2	6	9	1	8	3
2	4	5	1	3	6	9	7	8
9	6	8	4	5	7	3	1	2
7	1	3	9	2	8	4	5	6

034

3	8	2	6	9	5	1	7	4
6	4	1	8	7	3	2	9	5
7	5	9	1	4	2	8	3	6
8	1	3	5	6	9	7	4	2
5	2	7	4	1	8	3	6	9
9	6	4	2	3	7	5	1	8
1	9	5	3	8	6	4	2	7
2	3	6	7	5	4	9	8	1
4	7	8	9	2	1	6	5	3

035

7	6	1	2	5	8	4	9	3
2	5	8	4	3	9	1	7	6
4	3	9	7	6	1	8	2	5
3	8	6	1	9	7	2	5	4
9	1	4	8	2	5	6	3	7
5	7	2	6	4	3	9	8	1
1	4	7	3	8	2	5	6	9
8	9	3	5	1	6	7	4	2
6	2	5	9	7	4	3	1	8

036

1	5	4	2	8	9	7	3	6
2	8	6	7	3	4	1	9	5
3	9	7	6	5	1	2	4	8
8	4	5	9	1	6	3	2	7
6	2	1	3	7	5	4	8	9
7	3	9	8	4	2	6	5	1
9	6	3	5	2	7	8	1	4
5	1	2	4	6	8	9	7	3
4	7	8	1	9	3	5	6	2

037

3	8	6	1	7	4	5	9	2
2	9	4	3	5	8	3	7	1
1	7	5	9	3	2	4	6	8
6	5	9	2	8	3	7	1	4
4	1	7	5	9	6	2	8	3
8	2	3	7	4	1	9	5	6
5	4	8	3	6	7	1	2	9
7	6	2	4	1	9	8	3	5
9	3	1	8	2	5	6	4	7

038

1	5	6	2	9	4	7	8	3
4	8	2	3	7	1	9	6	5
9	7	3	5	8	6	2	1	4
6	9	8	4	1	7	5	3	2
5	4	1	8	2	3	6	7	9
3	2	7	9	6	5	1	4	8
2	1	4	7	3	9	8	5	6
8	6	5	1	4	2	3	9	7
7	3	9	6	5	8	4	2	1

039

5	1	3	2	4	6	7	9	8
8	2	4	7	9	5	3	6	1
6	7	9	1	8	3	2	5	4
3	5	1	4	7	2	6	8	9
9	8	7	6	5	1	4	3	2
4	6	2	8	3	9	1	7	5
2	4	8	5	6	7	9	1	3
7	3	5	9	1	4	8	2	6
1	9	6	3	2	8	5	4	7

040

3	7	6	4	5	8	1	9	2
8	1	5	3	9	2	6	7	4
9	4	2	6	7	1	3	5	8
1	5	9	8	2	3	7	4	6
7	2	3	9	6	4	8	1	5
4	6	8	7	1	5	2	3	9
5	3	7	2	4	6	9	8	1
2	9	4	1	8	7	5	6	3
6	8	1	5	3	9	4	2	7

041

6	4	2	9	7	8	5	1	3
8	7	3	5	2	1	6	4	9
9	5	1	6	3	4	7	8	2
5	3	6	1	9	2	8	7	4
2	8	4	7	6	3	9	5	1
1	9	7	8	4	5	3	2	6
7	6	8	4	1	9	2	3	5
4	2	5	3	8	6	1	9	7
3	1	9	2	5	7	4	6	8

042

7	9	1	5	3	8	6	4	2
2	8	5	1	4	6	9	3	7
3	6	4	2	9	7	1	8	5
6	4	3	9	7	5	8	2	1
8	1	9	6	2	3	5	7	4
5	7	2	8	1	4	3	6	9
9	3	7	4	8	1	2	5	6
1	5	8	7	6	2	4	9	3
4	2	6	3	5	9	7	1	8

043

9	5	3	4	2	6	1	8	7
1	2	8	9	3	7	5	4	6
7	4	6	1	8	5	9	2	3
5	6	9	8	1	2	3	7	4
8	1	4	7	9	3	6	5	2
3	7	2	6	5	4	8	9	1
6	9	1	2	4	8	7	3	5
4	8	5	3	7	1	2	6	9
2	3	7	5	6	9	4	1	8

044

7	9	6	4	5	2	3	8	1
1	4	8	7	3	6	5	2	9
2	3	5	1	8	9	4	6	7
5	6	7	2	9	4	8	1	3
9	2	3	6	1	8	7	5	4
4	8	1	3	7	5	6	9	2
8	1	4	9	6	7	2	3	5
3	5	2	8	4	1	9	7	6
6	7	9	5	2	3	1	4	8

045

7	6	4	1	8	3	5	2	9
1	9	8	5	2	4	7	3	6
2	3	5	6	9	7	4	8	1
9	2	7	4	5	6	3	1	8
4	8	3	7	1	9	6	5	2
5	1	6	2	3	8	9	7	4
6	5	1	9	7	2	8	4	3
8	4	2	3	6	5	1	9	7
3	7	9	8	4	1	2	6	5

046

5	6	4	7	3	1	9	2	8
8	2	3	4	9	5	6	7	1
7	9	1	2	6	8	3	5	4
6	8	5	3	1	7	2	4	9
2	3	7	9	5	4	1	8	6
4	1	9	8	2	6	7	3	5
3	5	2	1	4	9	8	6	7
1	4	8	6	7	2	5	9	3
9	7	6	5	8	3	4	1	2

047

7	3	1	8	9	2	5	6	4
8	6	2	3	4	5	1	9	7
9	4	5	6	7	1	2	3	8
2	7	6	5	8	3	9	4	1
3	5	8	9	1	4	6	7	2
4	1	9	2	6	7	8	5	3
6	2	3	4	5	8	7	1	9
1	9	4	7	2	6	3	8	5
5	8	7	1	3	9	4	2	6

048

8	6	3	4	7	2	5	1	9
9	2	7	1	5	3	4	8	6
1	4	5	8	9	6	7	2	3
4	1	8	5	3	9	2	6	7
7	5	2	6	8	1	9	3	4
3	9	6	7	2	4	8	5	1
5	7	1	9	6	8	3	4	2
6	3	9	2	4	5	1	7	8
2	8	4	3	1	7	6	9	5

049

2	9	7	6	8	3	5	4	1
8	1	6	2	4	5	7	9	3
4	3	5	7	1	9	6	2	8
6	5	2	8	9	4	1	3	7
1	8	4	3	2	7	9	6	5
3	7	9	5	6	1	4	8	2
7	4	1	9	3	2	8	5	6
5	2	8	4	7	6	3	1	9
9	6	3	1	5	8	2	7	4

050

2	4	5	1	8	7	9	6	3
9	7	3	6	4	2	5	8	1
1	8	6	3	5	9	4	2	7
6	2	8	5	1	4	7	3	9
3	5	7	9	2	6	1	4	8
4	9	1	7	3	8	6	5	2
5	6	2	8	9	1	3	7	4
8	3	9	4	7	5	2	1	6
7	1	4	2	6	3	8	9	5

051

5	4	1	8	7	6	9	3	2
8	9	7	3	2	4	5	6	1
2	3	6	1	5	9	4	8	7
6	1	5	4	8	2	7	9	3
3	7	9	5	6	1	2	4	8
4	2	8	9	3	7	1	5	6
9	5	2	6	1	3	8	7	4
1	6	4	7	9	8	3	2	5
7	8	3	2	4	5	6	1	9

052

1	8	4	7	5	2	9	6	3
9	5	3	8	1	6	7	2	4
6	2	7	9	3	4	8	1	5
8	3	1	2	4	9	5	7	6
2	4	5	6	7	3	1	9	8
7	6	9	5	8	1	3	4	2
3	9	6	1	2	5	4	8	7
5	7	2	4	9	8	6	3	1
4	1	8	3	6	7	2	5	9

053

6	1	5	9	7	4	3	2	8
9	3	7	8	2	1	4	6	5
2	8	4	3	5	6	1	7	9
1	4	6	7	9	8	5	3	2
3	7	8	5	1	2	9	4	6
5	9	2	6	4	3	8	1	7
7	2	3	4	8	5	6	9	1
4	5	9	1	6	7	2	8	3
8	6	1	2	3	9	7	5	4

054

2	9	8	6	5	4	3	7	1
4	1	6	3	7	2	9	8	5
3	5	7	9	8	1	6	4	2
5	6	4	2	1	3	8	9	7
8	7	1	4	9	5	2	3	6
9	3	2	8	6	7	1	5	4
6	4	9	5	2	8	7	1	3
7	2	3	1	4	9	5	6	8
1	8	5	7	3	6	4	2	9

055

9	3	6	4	5	1	7	2	8
7	5	1	9	8	2	3	4	6
2	8	4	3	6	7	1	9	5
5	2	9	1	3	4	8	6	7
8	4	3	6	7	5	2	1	9
6	1	7	8	2	9	5	3	4
1	7	8	2	4	6	9	5	3
4	9	5	7	1	3	6	8	2
3	6	2	5	9	8	4	7	1

056

8	2	1	4	5	3	9	7	6
5	6	3	7	9	1	2	8	4
4	9	7	6	8	2	3	5	1
1	5	4	8	2	6	7	9	3
9	7	6	3	1	5	4	2	8
3	8	2	9	4	7	6	1	5
6	1	5	2	3	9	8	4	7
2	3	8	1	7	4	5	6	9
7	4	9	5	6	8	1	3	2

057

8	5	2	3	1	9	4	7	6
9	1	4	7	5	6	3	8	2
7	6	3	8	2	4	9	5	1
1	7	6	5	3	8	2	9	4
5	3	8	4	9	2	1	6	7
4	2	9	6	7	1	5	3	8
2	4	5	9	6	7	8	1	3
3	8	7	1	4	5	6	2	9
6	9	1	2	8	3	7	4	5

058

5	1	7	3	9	8	4	2	6
8	3	4	6	1	2	7	5	9
2	6	9	4	5	7	1	3	8
9	2	6	8	4	3	5	1	7
1	4	8	9	7	5	3	6	2
3	7	5	2	6	1	8	9	4
7	9	3	5	2	4	6	8	1
6	5	1	7	8	9	2	4	3
4	8	2	1	3	6	9	7	5

059

2	1	3	5	7	4	9	6	8
9	8	5	2	3	6	4	7	1
4	6	7	1	9	8	2	5	3
7	5	9	3	4	2	1	8	6
3	4	1	6	8	7	5	9	2
8	2	6	9	5	1	7	3	4
5	9	8	4	1	3	6	2	7
1	3	2	7	6	5	8	4	9
6	7	4	8	2	9	3	1	5

060

8	6	1	7	5	4	3	2	9
4	5	9	2	3	8	1	7	6
7	3	2	6	9	1	4	5	8
9	8	6	5	1	7	2	4	3
5	2	7	8	4	3	9	6	1
3	1	4	9	2	6	7	8	5
6	4	3	1	8	2	5	9	7
2	9	8	3	7	5	6	1	4
1	7	5	4	6	9	8	3	2

061

1	7	4	5	8	2	6	3	9
5	3	6	9	4	7	8	2	1
9	8	2	6	3	1	4	5	7
7	6	9	4	2	5	1	8	3
8	4	5	1	6	3	7	9	2
3	2	1	8	7	9	5	6	4
2	5	8	3	1	4	9	7	6
4	9	7	2	5	6	3	1	8
6	1	3	7	9	8	2	4	5

062

4	3	9	1	2	8	6	7	5
6	5	2	9	7	3	4	8	1
8	7	1	6	5	4	9	2	3
2	4	5	7	3	1	8	9	6
3	8	7	4	6	9	1	5	2
9	1	6	2	8	5	7	3	4
7	9	4	5	1	2	3	6	8
5	6	3	8	4	7	2	1	9
1	2	8	3	9	6	5	4	7

063

6	4	7	2	3	5	1	9	8
3	2	5	8	9	1	7	6	4
8	9	1	6	7	4	5	3	2
1	6	3	4	2	9	8	5	7
2	8	4	3	5	7	9	1	6
5	7	9	1	8	6	2	4	3
7	1	2	9	6	3	4	8	5
4	5	6	7	1	8	3	2	9
9	3	8	5	4	2	6	7	1

064

4	6	9	8	1	5	2	3	7
7	2	5	3	4	6	9	1	8
3	8	1	7	2	9	5	4	6
9	4	2	1	5	7	8	6	3
5	3	7	6	8	4	1	2	9
6	1	8	2	9	3	4	7	5
1	9	6	5	3	2	7	8	4
2	5	3	4	7	8	6	9	1
8	7	4	9	6	1	3	5	2

065

7	6	3	2	4	8	9	1	5
8	9	2	1	6	5	3	7	4
1	5	4	7	3	9	2	8	6
5	8	9	4	2	6	7	3	1
2	4	7	3	8	1	6	5	9
3	1	6	5	9	7	8	4	2
6	7	8	9	1	4	5	2	3
9	2	1	8	5	3	4	6	7
4	3	5	6	7	2	1	9	8

066

9	6	4	3	5	1	2	8	7
7	5	3	6	8	2	4	1	9
2	8	1	9	7	4	5	6	3
1	9	6	5	4	3	8	7	2
3	2	7	8	1	9	6	5	4
5	4	8	2	6	7	3	9	1
6	3	2	7	9	8	1	4	5
4	7	5	1	3	6	9	2	8
8	1	9	4	2	5	7	3	6

067

7	1	6	4	9	5	2	3	8
4	3	9	6	2	8	5	1	7
2	5	8	1	3	7	6	4	9
6	4	3	2	8	1	7	9	5
5	9	7	3	6	4	8	2	1
1	8	2	5	7	9	3	6	4
3	7	1	8	4	6	9	5	2
8	6	4	9	5	2	1	7	3
9	2	5	7	1	3	4	8	6

068

3	2	7	9	1	4	6	5	8
5	1	8	6	2	3	9	4	7
9	4	6	5	8	7	3	2	1
2	3	5	8	7	6	4	1	9
4	8	9	1	5	2	7	3	6
7	6	1	4	3	9	2	8	5
8	9	3	7	4	1	5	6	2
6	5	2	3	9	8	1	7	4
1	7	4	2	6	5	8	9	3

069

8	1	2	6	3	7	4	5	9
9	3	7	4	5	8	1	6	2
5	4	6	1	2	9	8	7	3
7	6	3	8	9	1	2	4	5
2	8	4	5	7	6	9	3	1
1	9	5	3	4	2	7	8	6
4	2	9	7	6	3	5	1	8
6	5	1	9	8	4	3	2	7
3	7	8	2	1	5	6	9	4

070

6	9	1	7	3	5	4	2	8
3	4	8	9	6	2	7	5	1
2	5	7	1	4	8	3	6	9
7	6	3	8	1	4	2	9	5
4	8	2	5	9	7	1	3	6
5	1	9	6	2	3	8	7	4
1	3	5	4	7	9	6	8	2
9	2	6	3	8	1	5	4	7
8	7	4	2	5	6	9	1	3

071

5	8	7	6	9	3	2	4	1
2	3	9	4	1	8	6	7	5
6	4	1	2	7	5	8	9	3
9	2	3	7	8	6	1	5	4
4	6	8	5	3	1	9	2	7
7	1	5	9	2	4	3	8	6
8	7	6	1	4	9	5	3	2
1	9	4	3	5	2	7	6	8
3	5	2	8	6	7	4	1	9

072

5	8	9	6	7	3	4	1	2
1	6	3	4	2	8	7	5	9
7	4	2	9	1	5	8	3	6
8	9	5	1	4	2	3	6	7
6	2	1	5	3	7	9	8	4
3	7	4	8	6	9	1	2	5
4	1	8	2	9	6	5	7	3
2	5	7	3	8	4	6	9	1
9	3	6	7	5	1	2	4	8

073

9	2	3	1	7	6	4	8	5
4	8	6	9	5	3	7	1	2
5	1	7	8	2	4	6	9	3
6	5	8	3	4	7	1	2	9
7	4	1	5	9	2	8	3	6
3	9	2	6	8	1	5	4	7
1	6	5	4	3	9	2	7	8
8	7	9	2	1	5	3	6	4
2	3	4	7	6	8	9	5	1

074

1	4	5	2	3	6	7	8	9
2	8	6	9	5	7	3	4	1
3	9	7	4	8	1	6	2	5
4	7	9	8	6	5	1	3	2
6	1	8	7	2	3	9	5	4
5	2	3	1	4	9	8	6	7
8	3	1	5	7	4	2	9	6
7	6	4	3	9	2	5	1	8
9	5	2	6	1	8	4	7	3

075

9	8	6	3	5	2	4	1	7
5	4	3	7	9	1	6	8	2
2	1	7	6	8	4	3	5	9
3	2	4	9	1	8	5	7	6
8	7	5	4	2	6	1	9	3
6	9	1	5	3	7	2	4	8
1	3	2	8	4	9	7	6	5
4	6	8	2	7	5	9	3	1
7	5	9	1	6	3	8	2	4

076

5	4	2	8	9	1	3	7	6
1	3	6	2	7	4	9	5	8
9	8	7	5	3	6	1	4	2
7	6	4	3	8	2	5	9	1
3	2	9	1	4	5	8	6	7
8	5	1	7	6	9	4	2	3
2	1	8	4	5	7	6	3	9
4	9	3	6	2	8	7	1	5
6	7	5	9	1	3	2	8	4

077

3	4	5	9	1	2	8	7	6
8	1	9	6	7	5	2	3	4
2	6	7	4	8	3	9	1	5
5	7	3	2	4	8	1	6	9
9	2	6	1	5	7	4	8	3
1	8	4	3	6	9	7	5	2
6	9	2	7	3	1	5	4	8
7	3	8	5	2	4	6	9	1
4	5	1	8	9	6	3	2	7

078

1	3	6	7	2	5	9	8	4
7	9	8	1	6	4	2	5	3
5	4	2	8	3	9	6	1	7
4	7	3	9	5	1	8	2	6
8	6	5	2	4	3	7	9	1
9	2	1	6	7	8	4	3	5
6	1	7	5	8	2	3	4	9
2	5	4	3	9	7	1	6	8
3	8	9	4	1	6	5	7	2

079

1	5	2	7	8	3	6	9	4
4	8	7	5	9	6	3	1	2
6	3	9	4	2	1	7	8	5
7	9	1	8	5	2	4	3	6
2	4	3	1	6	9	8	5	7
8	6	5	3	4	7	9	2	1
3	2	4	9	7	5	1	6	8
9	7	6	2	1	8	5	4	3
5	1	8	6	3	4	2	7	9

080

5	6	4	9	2	1	7	8	3
8	9	1	5	7	3	6	2	4
3	7	2	8	6	4	5	9	1
1	4	6	3	8	2	9	5	7
2	3	8	7	5	9	1	4	6
7	5	9	1	4	6	8	3	2
4	8	3	6	9	7	2	1	5
6	1	5	2	3	8	4	7	9
9	2	7	4	1	5	3	6	8

081

5	4	6	1	2	8	3	7	9
2	8	9	7	6	3	1	5	4
3	1	7	4	9	5	6	8	2
4	3	1	8	7	2	9	6	5
6	7	5	3	1	9	2	4	8
8	9	2	5	4	6	7	1	3
1	6	8	9	3	4	5	2	7
7	5	3	2	8	1	4	9	6
9	2	4	6	5	7	8	3	1

082

1	8	2	3	5	4	7	6	9
9	5	3	7	6	1	4	8	2
7	6	4	9	8	2	3	5	1
3	2	5	6	4	7	9	1	8
8	4	1	2	9	3	5	7	6
6	7	9	8	1	5	2	4	3
4	9	6	5	3	8	1	2	7
2	1	8	4	7	9	6	3	5
5	3	7	1	2	6	8	9	4

083

4	6	9	1	2	3	8	7	5
5	3	8	4	9	7	6	2	1
7	1	2	5	6	8	4	9	3
9	7	1	3	4	2	5	8	6
2	5	4	6	8	1	9	3	7
3	8	6	7	5	9	2	1	4
8	4	3	9	1	5	7	6	2
1	2	5	8	7	6	3	4	9
6	9	7	2	3	4	1	5	8

084

7	2	1	5	9	6	3	4	8
3	9	5	2	4	8	7	6	1
6	4	8	7	3	1	2	9	5
1	6	3	9	7	4	8	5	2
8	7	9	1	5	2	4	3	6
2	5	4	6	8	3	1	7	9
4	1	6	3	2	9	5	8	7
9	8	7	4	1	5	6	2	3
5	3	2	8	6	7	9	1	4

085

9	5	6	2	1	3	4	7	8
1	4	3	8	7	6	5	9	2
7	2	8	5	4	9	1	3	6
4	9	5	1	3	2	8	6	7
2	6	7	4	9	8	3	5	1
8	3	1	6	5	7	2	4	9
6	7	4	3	8	1	9	2	5
3	8	9	7	2	5	6	1	4
5	1	2	9	6	4	7	8	3

086

1	2	6	5	7	8	3	9	4
8	7	3	1	9	4	6	5	2
5	9	4	3	2	6	8	1	7
7	4	1	9	6	2	5	3	8
2	5	9	7	8	3	4	6	1
6	3	8	4	5	1	7	2	9
3	6	2	8	4	9	1	7	5
9	8	7	6	1	5	2	4	3
4	1	5	2	3	7	9	8	6

087

3	2	4	5	8	9	1	6	7
9	7	1	4	6	3	5	2	8
5	8	6	2	1	7	4	9	3
8	1	7	3	9	5	6	4	2
6	4	9	8	2	1	7	3	5
2	5	3	7	4	6	8	1	9
4	9	8	6	5	2	3	7	1
1	3	5	9	7	4	2	8	6
7	6	2	1	3	8	9	5	4

088

5	6	1	8	3	9	4	7	2
4	9	2	1	5	7	6	8	3
8	3	7	4	2	6	1	9	5
2	1	3	9	7	8	5	4	6
9	5	8	2	6	4	3	1	7
6	7	4	3	1	5	9	2	8
7	4	5	6	9	2	8	3	1
3	2	9	5	8	1	7	6	4
1	8	6	7	4	3	2	5	9

089

9	6	1	7	2	8	3	5	4
5	2	7	9	3	4	1	6	8
8	4	3	5	1	6	9	2	7
7	3	8	6	9	5	2	4	1
4	1	2	8	7	3	6	9	5
6	9	5	1	4	2	7	8	3
3	5	4	2	6	7	8	1	9
1	8	6	3	5	9	4	7	2
2	7	9	4	8	1	5	3	6

090

5	7	6	4	1	9	2	3	8
4	3	2	8	6	7	9	5	1
1	8	9	5	2	3	7	6	4
9	6	5	2	7	1	8	4	3
3	1	4	9	5	8	6	2	7
8	2	7	3	4	6	1	9	5
6	4	3	1	8	2	5	7	9
7	9	1	6	3	5	4	8	2
2	5	8	7	9	4	3	1	6

091

7	1	5	3	4	2	8	6	9
4	3	9	5	8	6	1	2	7
8	2	6	9	1	7	3	5	4
1	8	3	2	5	4	7	9	6
5	7	2	6	9	3	4	8	1
9	6	4	8	7	1	2	3	5
6	9	7	1	3	8	5	4	2
2	4	8	7	6	5	9	1	3
3	5	1	4	2	9	6	7	8

092

5	2	4	3	8	9	6	1	7
6	8	1	2	7	4	5	9	3
9	3	7	6	1	5	8	4	2
4	5	8	1	9	2	7	3	6
7	1	3	8	4	6	9	2	5
2	9	6	7	5	3	4	8	1
8	6	5	4	2	1	3	7	9
1	7	9	5	3	8	2	6	4
3	4	2	9	6	7	1	5	8

093

9	5	2	1	8	4	3	7	6
3	6	8	7	5	2	9	4	1
7	4	1	3	6	9	5	2	8
8	9	7	2	1	3	6	5	4
2	1	4	5	9	6	7	8	3
5	3	6	8	4	7	1	9	2
6	2	3	4	7	5	8	1	9
1	7	9	6	2	8	4	3	5
4	8	5	9	3	1	2	6	7

094

8	5	1	3	7	2	6	9	4
6	2	7	9	4	8	3	1	5
4	9	3	6	5	1	2	8	7
5	8	6	2	3	4	1	7	9
3	1	9	7	8	6	5	4	2
7	4	2	5	1	9	8	3	6
1	6	5	8	9	7	4	2	3
9	3	8	4	2	5	7	6	1
2	7	4	1	6	3	9	5	8

095

7	8	9	2	5	4	3	1	6
6	3	1	7	8	9	5	4	2
5	2	4	1	3	6	8	7	9
1	9	5	6	7	2	4	3	8
8	4	6	9	1	3	2	5	7
2	7	3	8	4	5	6	9	1
3	1	2	4	6	7	9	8	5
9	5	8	3	2	1	7	6	4
4	6	7	5	9	8	1	2	3

096

1	3	6	9	7	4	8	2	5
9	7	5	2	8	3	4	6	1
8	2	4	1	5	6	3	9	7
5	4	3	6	2	7	9	1	8
6	1	2	8	9	5	7	4	3
7	9	8	3	4	1	6	5	2
3	8	9	5	6	2	1	7	4
2	6	7	4	1	8	5	3	9
4	5	1	7	3	9	2	8	6

097

8	1	5	2	9	7	4	3	6
7	4	3	6	1	8	5	2	9
9	2	6	4	3	5	8	7	1
3	6	8	1	7	4	2	9	5
1	7	9	5	6	2	3	4	8
2	5	4	3	8	9	6	1	7
4	9	7	8	5	3	1	6	2
5	3	1	7	2	6	9	8	4
6	8	2	9	4	1	7	5	3

098

7	1	8	6	5	4	9	2	3
3	4	6	2	9	1	7	5	8
2	9	5	8	7	3	6	4	1
9	6	2	3	1	8	5	7	4
8	5	4	7	6	2	1	3	9
1	3	7	5	4	9	8	6	2
6	8	1	4	3	5	2	9	7
4	7	9	1	2	6	3	8	5
5	2	3	9	8	7	4	1	6

099

9	3	4	6	1	5	2	8	7
6	2	7	3	9	8	1	4	5
1	5	8	2	7	4	9	6	3
2	4	5	7	6	1	8	3	9
7	8	6	4	3	9	5	1	2
3	1	9	5	8	2	4	7	6
8	9	3	1	2	6	7	5	4
4	6	2	8	5	7	3	9	1
5	7	1	9	4	3	6	2	8

100

7	5	4	8	2	1	6	3	9
2	9	3	7	6	4	5	1	8
8	6	1	5	3	9	4	2	7
3	2	9	6	1	7	8	5	4
6	7	5	4	8	2	1	9	3
4	1	8	9	5	3	7	6	2
9	3	6	1	4	8	2	7	5
5	4	2	3	7	6	9	8	1
1	8	7	2	9	5	3	4	6

101

2	1	3	9	4	7	6	8	5
9	8	7	6	2	5	4	3	1
5	4	6	1	8	3	2	7	9
6	9	8	4	7	2	5	1	3
1	2	4	3	5	9	8	6	7
7	3	5	8	1	6	9	2	4
4	6	9	7	3	8	1	5	2
8	7	2	5	9	1	3	4	6
3	5	1	2	6	4	7	9	8

102

8	1	2	5	4	3	9	7	6
3	4	5	7	6	9	2	8	1
6	7	9	8	1	2	3	4	5
9	6	4	2	7	8	5	1	3
2	8	3	1	9	5	7	6	4
7	5	1	4	3	6	8	9	2
4	2	8	6	5	7	1	3	9
5	3	6	9	8	1	4	2	7
1	9	7	3	2	4	6	5	8

103

1	6	7	4	8	5	2	9	3
9	4	3	6	2	7	5	1	8
5	8	2	1	9	3	4	7	6
4	7	8	9	1	6	3	2	5
6	5	9	3	7	2	1	8	4
2	3	1	5	4	8	9	6	7
7	2	4	8	3	9	6	5	1
3	9	5	7	6	1	8	4	2
8	1	6	2	5	4	7	3	9

104

7	8	5	1	9	4	6	3	2
6	1	4	2	3	5	8	7	9
9	2	3	8	6	7	5	4	1
1	9	8	6	5	3	4	2	7
5	7	6	4	2	9	3	1	8
3	4	2	7	1	8	9	5	6
2	3	7	9	4	6	1	8	5
8	5	9	3	7	1	2	6	4
4	6	1	5	8	2	7	9	3

105

9	6	7	3	1	8	5	2	4
5	4	3	9	6	2	1	7	8
2	8	1	5	4	7	3	6	9
6	5	9	2	7	1	8	4	3
1	2	8	4	3	6	7	9	5
7	3	4	8	5	9	2	1	6
8	1	5	6	2	4	9	3	7
4	9	2	7	8	3	6	5	1
3	7	6	1	9	5	4	8	2

106

8	2	4	1	3	6	9	5	7
1	7	6	9	5	8	3	4	2
5	9	3	4	2	7	8	6	1
4	8	9	3	7	1	5	2	6
6	3	7	5	9	2	1	8	4
2	1	5	6	8	4	7	3	9
9	6	1	8	4	3	2	7	5
3	4	2	7	1	5	6	9	8
7	5	8	2	6	9	4	1	3

107

9	5	8	2	1	4	3	7	6
3	2	7	6	9	8	1	4	5
1	4	6	3	7	5	9	8	2
6	9	5	1	8	3	7	2	4
4	8	2	7	6	9	5	1	3
7	1	3	4	5	2	8	6	9
2	7	1	5	3	6	4	9	8
8	3	4	9	2	7	6	5	1
5	6	9	8	4	1	2	3	7

108

5	4	6	1	7	8	3	9	2
2	1	9	6	4	3	7	8	5
3	8	7	9	2	5	1	6	4
6	3	1	7	5	4	8	2	9
9	7	4	2	8	1	5	3	6
8	5	2	3	9	6	4	1	7
4	6	5	8	1	2	9	7	3
1	9	3	5	6	7	2	4	8
7	2	8	4	3	9	6	5	1

109

7	6	1	9	8	5	4	3	2
3	9	4	2	7	6	5	1	8
2	8	5	1	3	4	7	9	6
8	4	2	5	6	9	3	7	1
9	5	6	3	1	7	2	8	4
1	3	7	4	2	8	6	5	9
5	1	8	6	4	3	9	2	7
4	2	3	7	9	1	8	6	5
6	7	9	8	5	2	1	4	3

110

9	6	4	5	2	1	7	8	3
2	3	1	6	7	8	4	5	9
8	7	5	4	9	3	1	6	2
6	5	3	1	4	9	2	7	8
1	9	2	8	5	7	3	4	6
7	4	8	3	6	2	9	1	5
5	2	9	7	8	4	6	3	1
4	1	6	2	3	5	8	9	7
3	8	7	9	1	6	5	2	4

111

7	3	4	5	1	2	9	8	6
9	1	2	6	7	8	3	4	5
5	6	8	4	3	9	2	1	7
8	4	5	3	6	7	1	2	9
6	2	7	1	9	4	5	3	8
1	9	3	2	8	5	6	7	4
2	8	9	7	5	1	4	6	3
3	7	1	9	4	6	8	5	2
4	5	6	8	2	3	7	9	1

112

7	6	9	3	1	4	8	5	2
5	4	2	7	9	8	6	3	1
3	1	8	2	6	5	7	4	9
9	7	4	1	2	6	3	8	5
8	3	6	5	7	9	2	1	4
2	5	1	8	4	3	9	7	6
6	8	7	9	5	1	4	2	3
1	9	3	4	8	2	5	6	7
4	2	5	6	3	7	1	9	8

113

6	7	8	3	5	9	2	1	4
4	9	2	1	6	7	5	3	8
5	1	3	4	8	2	6	9	7
1	3	7	5	9	4	8	6	2
2	4	9	8	3	6	1	7	5
8	6	5	7	2	1	9	4	3
9	8	6	2	4	3	7	5	1
3	2	1	9	7	5	4	8	6
7	5	4	6	1	8	3	2	9

114

4	7	1	8	6	9	5	2	3
5	3	6	4	2	7	1	8	9
8	9	2	1	3	5	6	4	7
7	6	9	3	8	4	2	1	5
1	8	3	6	5	2	7	9	4
2	4	5	7	9	1	3	6	8
6	5	7	9	1	8	4	3	2
9	1	4	2	7	3	8	5	6
3	2	8	5	4	6	9	7	1

115

1	8	5	4	7	2	9	6	3
9	2	3	8	6	5	4	7	1
6	7	4	3	1	9	5	2	8
7	1	6	2	5	8	3	4	9
2	3	8	9	4	7	6	1	5
4	5	9	1	3	6	7	8	2
5	4	2	7	8	3	1	9	6
8	6	1	5	9	4	2	3	7
3	9	7	6	2	1	8	5	4

116

5	4	6	3	9	8	7	1	2
9	3	1	7	2	6	8	4	5
8	7	2	4	5	1	9	6	3
6	5	7	2	4	3	1	8	9
2	1	3	8	7	9	6	5	4
4	8	9	1	6	5	3	2	7
3	6	4	5	1	7	2	9	8
1	2	8	9	3	4	5	7	6
7	9	5	6	8	2	4	3	1

117

4	1	5	3	9	6	7	8	2
9	3	7	2	1	8	4	5	6
8	6	2	5	7	4	1	3	9
6	4	9	7	5	1	8	2	3
5	2	1	9	8	3	6	7	4
7	8	3	4	6	2	5	9	1
1	9	6	8	2	7	3	4	5
2	7	4	6	3	5	9	1	8
3	5	8	1	4	9	2	6	7

118

1	7	8	9	5	2	3	6	4
3	9	5	4	7	6	2	1	8
6	2	4	3	1	8	7	5	9
9	1	3	6	2	4	5	8	7
7	4	2	5	8	3	6	9	1
5	8	6	7	9	1	4	3	2
2	3	9	8	4	5	1	7	6
8	5	1	2	6	7	9	4	3
4	6	7	1	3	9	8	2	5

119

8	2	3	4	6	1	9	5	7
6	9	7	5	2	3	4	8	1
1	5	4	8	7	9	3	2	6
4	7	6	9	8	2	5	1	3
2	8	9	3	1	5	7	6	4
5	3	1	7	4	6	8	9	2
7	6	8	1	5	4	2	3	9
3	4	2	6	9	8	1	7	5
9	1	5	2	3	7	6	4	8

120

5	7	9	3	4	2	1	6	8
1	2	6	8	9	5	7	4	3
3	8	4	6	7	1	2	5	9
8	4	2	5	3	6	9	7	1
9	5	3	4	1	7	8	2	6
7	6	1	9	2	8	4	3	5
4	1	5	2	6	9	3	8	7
2	9	8	7	5	3	6	1	4
6	3	7	1	8	4	5	9	2

121

9	5	7	8	4	2	3	1	6
2	6	3	9	7	1	5	8	4
8	1	4	5	6	3	9	2	7
1	2	5	6	8	4	7	9	3
3	8	6	1	9	7	2	4	5
4	7	9	3	2	5	1	6	8
7	3	2	4	1	8	6	5	9
5	9	8	2	3	6	4	7	1
6	4	1	7	5	9	8	3	2

122

4	9	5	6	8	3	1	7	2
7	6	3	1	2	5	4	8	9
1	2	8	7	4	9	3	5	6
9	7	1	4	6	8	5	2	3
8	3	4	5	9	2	7	6	1
6	5	2	3	1	7	8	9	4
5	1	6	2	7	4	9	3	8
3	4	9	8	5	6	2	1	7
2	8	7	9	3	1	6	4	5

123

7	2	4	3	6	1	9	5	8
6	9	5	4	2	8	3	7	1
8	3	1	9	7	5	2	6	4
3	7	8	6	5	2	4	1	9
5	1	9	8	4	7	6	2	3
2	4	6	1	3	9	5	8	7
9	5	2	7	8	3	1	4	6
4	8	3	5	1	6	7	9	2
1	6	7	2	9	4	8	3	5

124

5	3	8	2	7	4	9	6	1
4	1	7	6	9	5	8	2	3
2	6	9	3	8	1	4	5	7
1	7	3	9	4	6	5	8	2
8	9	4	5	2	7	1	3	6
6	5	2	8	1	3	7	9	4
9	2	1	7	6	8	3	4	5
3	4	6	1	5	9	2	7	8
7	8	5	4	3	2	6	1	9

125

6	3	2	7	5	8	9	1	4
1	7	5	9	4	2	3	8	6
4	9	8	3	6	1	7	2	5
8	2	4	6	3	7	5	9	1
9	6	3	2	1	5	4	7	8
5	1	7	4	8	9	6	3	2
3	8	1	5	7	4	2	6	9
7	4	9	1	2	6	8	5	3
2	5	6	8	9	3	1	4	7

126

2	1	7	9	5	4	3	6	8
9	4	6	8	7	3	1	5	2
5	3	8	6	1	2	9	7	4
4	7	9	5	2	1	8	3	6
1	8	3	7	4	6	5	2	9
6	5	2	3	8	9	7	4	1
3	9	5	2	6	8	4	1	7
7	6	1	4	9	5	2	8	3
8	2	4	1	3	7	6	9	5

127

7	4	1	6	9	5	2	3	8
3	6	5	2	8	4	1	7	9
8	9	2	7	1	3	4	5	6
5	3	4	9	2	1	6	8	7
6	2	9	8	5	7	3	1	4
1	7	8	3	4	6	9	2	5
4	5	6	1	7	2	8	9	3
2	8	3	5	6	9	7	4	1
9	1	7	4	3	8	5	6	2

128

5	9	1	8	7	4	2	6	3
4	6	7	3	2	1	9	5	8
3	8	2	5	9	6	4	7	1
8	2	5	1	3	9	7	4	6
9	1	4	2	6	7	8	3	5
7	3	6	4	8	5	1	2	9
1	7	9	6	5	2	3	8	4
6	4	8	7	1	3	5	9	2
2	5	3	9	4	8	6	1	7

129

2	5	1	3	4	9	6	7	8
9	7	4	5	8	6	2	1	3
8	3	6	1	7	2	9	5	4
4	6	3	8	9	7	5	2	1
7	8	5	2	1	4	3	9	6
1	9	2	6	3	5	4	8	7
3	2	8	4	5	1	7	6	9
5	1	9	7	6	3	8	4	2
6	4	7	9	2	8	1	3	5

130

3	6	1	9	8	2	7	4	5
2	4	8	5	7	6	3	9	1
7	9	5	4	1	3	8	2	6
1	3	7	6	9	8	4	5	2
6	2	9	7	5	4	1	8	3
5	8	4	3	2	1	9	6	7
4	5	3	1	6	9	2	7	8
8	1	6	2	4	7	5	3	9
9	7	2	8	3	5	6	1	4

131

4	2	1	7	3	5	9	6	8
8	3	6	9	1	2	7	5	4
5	7	9	6	4	8	1	3	2
9	6	5	4	2	1	3	8	7
3	8	2	5	7	9	6	4	1
7	1	4	8	6	3	2	9	5
6	5	7	2	9	4	8	1	3
2	4	3	1	8	6	5	7	9
1	9	8	3	5	7	4	2	6

132

4	6	5	3	7	1	9	2	8
9	7	3	6	2	8	5	1	4
8	2	1	5	4	9	6	3	7
5	3	7	2	1	4	8	9	6
2	1	8	9	6	7	4	5	3
6	4	9	8	5	3	1	7	2
1	5	2	4	3	6	7	8	9
3	9	6	7	8	5	2	4	1
7	8	4	1	9	2	3	6	5

133

1	4	6	5	7	9	8	2	3
5	3	9	2	1	8	6	4	7
7	8	2	4	3	6	9	1	5
2	1	3	8	5	4	7	6	9
8	6	5	7	9	2	1	3	4
4	9	7	1	6	3	5	8	2
3	2	1	9	8	7	4	5	6
6	7	8	3	4	5	2	9	1
9	5	4	6	2	1	3	7	8

134

9	8	6	3	5	7	1	4	2
3	5	1	4	6	2	7	8	9
2	7	4	8	9	1	3	5	6
8	4	9	7	3	5	6	2	1
6	2	7	1	4	9	8	3	5
5	1	3	6	2	8	4	9	7
4	6	5	2	1	3	9	7	8
7	3	2	9	8	6	5	1	4
1	9	8	5	7	4	2	6	3

135

2	9	4	7	6	8	3	5	1
7	8	5	9	1	3	2	6	4
3	1	6	2	4	5	8	7	9
4	6	1	8	3	7	5	9	2
5	7	8	1	2	9	6	4	3
9	3	2	4	5	6	1	8	7
8	4	3	6	7	2	9	1	5
6	5	7	3	9	1	4	2	8
1	2	9	5	8	4	7	3	6

136

4	8	5	9	1	3	7	2	6
1	2	9	7	5	6	8	3	4
7	3	6	4	8	2	5	1	9
9	1	2	5	4	8	6	7	3
3	5	8	6	2	7	9	4	1
6	4	7	1	3	9	2	8	5
5	6	3	2	7	4	1	9	8
8	7	1	3	9	5	4	6	2
2	9	4	8	6	1	3	5	7

137

7	8	3	6	4	9	5	2	1
4	2	6	1	8	5	7	9	3
1	9	5	2	3	7	6	8	4
2	6	7	4	9	8	1	3	5
8	5	1	3	2	6	4	7	9
3	4	9	7	5	1	2	6	8
9	3	4	5	6	2	8	1	7
6	1	8	9	7	4	3	5	2
5	7	2	8	1	3	9	4	6

138

1	7	6	3	2	5	9	4	8
4	2	9	8	6	7	1	3	5
5	8	3	4	9	1	6	7	2
7	6	2	9	8	3	4	5	1
3	1	8	6	5	4	2	9	7
9	4	5	7	1	2	8	6	3
2	9	4	5	3	8	7	1	6
6	3	1	2	7	9	5	8	4
8	5	7	1	4	6	3	2	9

139

5	9	4	7	1	6	2	3	8
2	7	3	5	9	8	1	6	4
8	6	1	2	3	4	7	5	9
9	1	8	3	6	5	4	2	7
7	5	6	1	4	2	8	9	3
3	4	2	9	8	7	6	1	5
1	8	9	4	2	3	5	7	6
6	3	7	8	5	1	9	4	2
4	2	5	6	7	9	3	8	1

140

1	3	2	8	7	6	9	5	4
8	9	5	4	1	2	3	7	6
4	7	6	9	5	3	2	1	8
3	6	8	1	2	4	5	9	7
5	4	9	3	8	7	1	6	2
2	1	7	5	6	9	8	4	3
9	2	3	6	4	1	7	8	5
7	8	4	2	9	5	6	3	1
6	5	1	7	3	8	4	2	9

141

6	1	8	5	3	2	4	7	9
7	5	3	4	9	8	1	6	2
2	9	4	1	7	6	8	5	3
8	3	5	7	6	4	9	2	1
1	4	7	3	2	9	6	8	5
9	6	2	8	1	5	3	4	7
4	7	9	2	8	1	5	3	6
3	8	6	9	5	7	2	1	4
5	2	1	6	4	3	7	9	8

142

7	3	5	9	4	1	8	6	2
1	6	8	7	5	2	4	9	3
9	2	4	6	8	3	1	7	5
6	7	2	5	1	8	3	4	9
8	4	3	2	7	9	5	1	6
5	9	1	4	3	6	7	2	8
3	1	6	8	2	7	9	5	4
4	8	9	1	6	5	2	3	7
2	5	7	3	9	4	6	8	1

143

5	2	3	4	8	9	7	1	6
7	6	4	2	1	5	3	8	9
1	9	8	7	6	3	2	5	4
6	5	1	8	3	2	9	4	7
4	7	2	5	9	1	6	3	8
3	8	9	6	7	4	5	2	1
8	3	6	1	2	7	4	9	5
2	4	7	9	5	8	1	6	3
9	1	5	3	4	6	8	7	2

144

3	7	5	1	6	4	9	2	8
9	6	8	5	3	2	1	4	7
1	2	4	9	8	7	6	3	5
4	9	6	8	1	5	3	7	2
5	8	1	2	7	3	4	9	6
7	3	2	4	9	6	8	5	1
2	1	3	6	5	9	7	8	4
6	4	9	7	2	8	5	1	3
8	5	7	3	4	1	2	6	9

145

9	7	3	1	4	2	5	8	6
4	2	6	5	8	9	7	1	3
8	5	1	3	7	6	9	4	2
2	9	8	4	5	7	3	6	1
7	3	4	6	1	8	2	5	9
6	1	5	2	9	3	8	7	4
5	4	9	7	2	1	6	3	8
3	8	7	9	6	4	1	2	5
1	6	2	8	3	5	4	9	7

146

9	5	8	2	6	3	7	4	1
4	1	3	7	9	8	2	5	6
7	6	2	1	4	5	8	9	3
5	2	4	3	8	1	9	6	7
1	3	7	9	2	6	5	8	4
6	8	9	4	5	7	3	1	2
2	9	5	6	3	4	1	7	8
3	4	1	8	7	9	6	2	5
8	7	6	5	1	2	4	3	9

147

8	7	2	3	9	4	1	5	6
5	3	9	7	1	6	4	8	2
4	6	1	5	2	8	7	9	3
3	1	5	2	8	7	6	4	9
6	4	7	9	3	1	5	2	8
9	2	8	4	6	5	3	7	1
7	8	6	1	4	2	9	3	5
1	9	4	8	5	3	2	6	7
2	5	3	6	7	9	8	1	4

148

6	3	7	1	5	8	2	9	4
2	8	1	3	9	4	5	6	7
4	9	5	2	6	7	8	1	3
7	2	4	6	1	9	3	8	5
8	1	9	7	3	5	4	2	6
5	6	3	4	8	2	9	7	1
1	4	6	8	2	3	7	5	9
3	5	8	9	7	1	6	4	2
9	7	2	5	4	6	1	3	8

149

7	4	5	8	2	1	6	3	9
2	3	6	4	9	5	1	7	8
8	1	9	3	6	7	5	2	4
4	7	2	5	8	6	9	1	3
3	5	1	7	4	9	2	8	6
6	9	8	2	1	3	7	4	5
5	2	7	9	3	8	4	6	1
1	8	4	6	5	2	3	9	7
9	6	3	1	7	4	8	5	2

150

5	9	1	7	6	8	4	2	3
7	2	3	5	4	1	9	6	8
6	4	8	2	9	3	7	1	5
1	6	4	3	8	5	2	7	9
3	7	9	1	2	6	8	5	4
8	5	2	9	7	4	6	3	1
4	3	6	8	5	7	1	9	2
2	1	7	4	3	9	5	8	6
9	8	5	6	1	2	3	4	7

151

7	2	4	3	6	1	9	5	8
9	3	8	7	5	4	1	6	2
6	5	1	9	2	8	3	4	7
3	7	9	4	1	2	6	8	5
5	8	2	6	3	9	4	7	1
4	1	6	8	7	5	2	9	3
8	6	3	2	4	7	5	1	9
2	9	5	1	8	6	7	3	4
1	4	7	5	9	3	8	2	6

152

3	6	4	7	9	8	1	5	2
9	7	1	4	5	2	6	3	8
8	2	5	6	1	3	9	7	4
2	4	7	5	3	6	8	9	1
1	5	9	2	8	7	3	4	6
6	8	3	1	4	9	5	2	7
5	9	2	8	6	4	7	1	3
4	3	6	9	7	1	2	8	5
7	1	8	3	2	5	4	6	9

153

1	2	5	7	8	6	9	3	4
7	3	4	9	1	5	2	6	8
9	6	8	4	2	3	7	5	1
4	8	7	6	5	2	1	9	3
3	1	6	8	7	9	5	4	2
2	5	9	1	3	4	8	7	6
6	9	1	2	4	7	3	8	5
5	4	2	3	9	8	6	1	7
8	7	3	5	6	1	4	2	9

154

4	9	6	1	2	3	5	8	7
5	3	2	9	7	8	1	4	6
7	1	8	6	5	4	3	2	9
6	8	7	4	9	5	2	1	3
9	2	3	8	1	6	4	7	5
1	4	5	2	3	7	9	6	8
3	7	4	5	6	2	8	9	1
8	6	9	3	4	1	7	5	2
2	5	1	7	8	9	6	3	4

155

8	7	9	1	3	5	6	2	4
3	2	6	7	8	4	1	9	5
4	5	1	2	6	9	8	7	3
1	4	8	9	5	6	7	3	2
5	6	7	8	2	3	4	1	9
2	9	3	4	7	1	5	6	8
7	3	2	5	1	8	9	4	6
9	1	5	6	4	2	3	8	7
6	8	4	3	9	7	2	5	1

156

6	3	8	1	5	9	2	7	4
4	1	9	6	7	2	8	3	5
2	5	7	3	4	8	9	6	1
9	7	5	2	1	3	6	4	8
1	8	4	5	6	7	3	9	2
3	2	6	9	8	4	5	1	7
5	4	1	8	9	6	7	2	3
8	9	2	7	3	1	4	5	6
7	6	3	4	2	5	1	8	9

157

7	2	4	3	8	1	5	6	9
5	8	1	4	9	6	7	2	3
6	9	3	7	2	5	4	8	1
9	4	8	6	3	7	2	1	5
3	6	7	5	1	2	8	9	4
2	1	5	8	4	9	3	7	6
1	7	2	9	5	3	6	4	8
8	5	9	2	6	4	1	3	7
4	3	6	1	7	8	9	5	2

158

1	4	5	9	8	7	2	3	6
8	9	7	2	3	6	4	1	5
6	2	3	5	4	1	7	8	9
4	3	9	1	7	2	5	6	8
5	6	8	4	9	3	1	2	7
2	7	1	6	5	8	9	4	3
7	5	6	8	1	4	3	9	2
9	1	2	3	6	5	8	7	4
3	8	4	7	2	9	6	5	1

159

1	5	7	9	3	4	8	6	2
8	9	4	2	7	6	1	5	3
6	2	3	8	1	5	4	7	9
3	8	5	6	2	9	7	4	1
7	1	2	3	4	8	5	9	6
4	6	9	1	5	7	2	3	8
2	4	8	5	9	3	6	1	7
9	7	1	4	6	2	3	8	5
5	3	6	7	8	1	9	2	4

160

3	4	7	9	6	1	5	2	8
2	9	8	4	5	3	7	6	1
1	6	5	8	7	2	9	3	4
4	2	6	5	9	7	8	1	3
8	3	9	1	2	4	6	5	7
5	7	1	3	8	6	2	4	9
6	8	3	2	1	9	4	7	5
9	1	2	7	4	5	3	8	6
7	5	4	6	3	8	1	9	2

161

3	7	6	1	8	4	9	5	2
5	8	2	9	3	7	6	1	4
4	1	9	2	6	5	3	7	8
7	6	5	4	9	3	2	8	1
1	4	3	8	5	2	7	6	9
9	2	8	7	1	6	5	4	3
2	3	7	5	4	1	8	9	6
6	9	4	3	7	8	1	2	5
8	5	1	6	2	9	4	3	7

162

7	6	9	1	5	3	8	4	2
1	2	3	4	7	8	9	5	6
8	4	5	6	2	9	1	3	7
3	1	7	8	9	6	4	2	5
5	8	2	3	4	7	6	9	1
6	9	4	5	1	2	3	7	8
2	7	1	9	8	4	5	6	3
4	5	6	2	3	1	7	8	9
9	3	8	7	6	5	2	1	4

163

7	5	1	3	2	8	6	4	9
9	4	8	6	5	1	3	7	2
6	3	2	4	7	9	8	5	1
4	2	3	9	1	5	7	8	6
1	7	5	8	6	4	9	2	3
8	6	9	2	3	7	4	1	5
2	9	4	1	8	6	5	3	7
3	8	7	5	9	2	1	6	4
5	1	6	7	4	3	2	9	8

164

5	3	1	7	4	2	6	8	9
6	7	2	9	5	8	3	1	4
9	4	8	3	6	1	7	2	5
4	2	7	6	9	5	1	3	8
8	5	3	4	1	7	2	9	6
1	6	9	2	8	3	4	5	7
2	8	5	1	7	6	9	4	3
3	9	6	5	2	4	8	7	1
7	1	4	8	3	9	5	6	2

165

6	5	2	1	3	4	8	9	7
4	9	1	7	5	8	6	2	3
8	3	7	9	2	6	1	4	5
1	6	3	4	8	2	5	7	9
7	2	9	6	1	5	3	8	4
5	4	8	3	9	7	2	6	1
9	8	6	5	4	1	7	3	2
3	7	5	2	6	9	4	1	8
2	1	4	8	7	3	9	5	6

166

8	6	5	1	3	2	9	7	4
9	1	3	4	6	7	2	8	5
7	4	2	5	8	9	1	3	6
4	8	1	2	5	3	7	6	9
5	3	7	9	1	6	4	2	8
2	9	6	7	4	8	3	5	1
3	5	4	6	7	1	8	9	2
1	2	8	3	9	5	6	4	7
6	7	9	8	2	4	5	1	3

167

5	9	4	3	1	2	8	6	7
3	6	7	5	8	9	4	1	2
1	2	8	7	4	6	9	5	3
8	7	5	2	6	1	3	9	4
9	1	3	4	5	7	6	2	8
6	4	2	9	3	8	1	7	5
7	8	1	6	2	3	5	4	9
4	3	9	1	7	5	2	8	6
2	5	6	8	9	4	7	3	1

168

6	4	9	1	7	5	3	8	2
8	1	3	2	6	4	9	5	7
5	7	2	9	8	3	6	4	1
9	8	4	3	1	7	2	6	5
3	5	7	6	4	2	1	9	8
1	2	6	5	9	8	7	3	4
7	6	5	8	3	1	4	2	9
2	9	1	4	5	6	8	7	3
4	3	8	7	2	9	5	1	6

169

2	8	5	6	1	7	9	4	3
7	6	4	3	9	5	8	2	1
9	3	1	8	4	2	5	6	7
6	4	3	9	5	8	7	1	2
5	7	8	1	2	3	4	9	6
1	9	2	7	6	4	3	8	5
4	5	6	2	7	9	1	3	8
8	2	7	4	3	1	6	5	9
3	1	9	5	8	6	2	7	4

170

4	1	2	7	3	9	6	8	5
5	8	9	6	1	4	3	2	7
6	7	3	2	8	5	1	9	4
7	4	5	8	9	6	2	1	3
3	9	1	4	2	7	8	5	6
8	2	6	3	5	1	7	4	9
2	3	4	5	7	8	9	6	1
1	6	8	9	4	3	5	7	2
9	5	7	1	6	2	4	3	8

171

2	1	3	6	8	7	9	4	5
8	7	5	9	4	2	3	1	6
9	6	4	1	3	5	2	8	7
7	9	1	5	6	8	4	2	3
3	8	6	2	9	4	5	7	1
5	4	2	7	1	3	6	9	8
1	2	8	3	5	9	7	6	4
4	3	9	8	7	6	1	5	2
6	5	7	4	2	1	8	3	9

172

3	7	6	8	9	5	4	2	1
2	9	5	4	1	6	7	3	8
8	4	1	2	7	3	9	6	5
5	6	2	3	4	7	1	8	9
9	8	4	1	5	2	3	7	6
7	1	3	9	6	8	5	4	2
6	3	9	7	2	1	8	5	4
4	2	8	5	3	9	6	1	7
1	5	7	6	8	4	2	9	3

173

8	5	1	4	9	2	6	7	3
3	9	2	5	7	6	4	8	1
6	7	4	8	3	1	9	2	5
9	1	8	6	2	3	5	4	7
4	6	7	9	5	8	1	3	2
5	2	3	1	4	7	8	9	6
1	3	6	7	8	9	2	5	4
7	8	5	2	6	4	3	1	9
2	4	9	3	1	5	7	6	8

174

7	6	1	2	5	9	3	4	8
3	2	5	6	4	8	9	7	1
8	4	9	3	1	7	2	6	5
2	1	3	7	8	6	5	9	4
4	9	6	5	3	1	8	2	7
5	8	7	9	2	4	1	3	6
1	3	8	4	7	2	6	5	9
9	7	2	1	6	5	4	8	3
6	5	4	8	9	3	7	1	2

175

9	8	7	1	3	6	2	4	5
3	2	5	9	7	4	8	6	1
6	1	4	8	2	5	9	7	3
4	9	2	6	1	8	3	5	7
8	3	1	4	5	7	6	2	9
5	7	6	2	9	3	1	8	4
2	6	9	5	4	1	7	3	8
7	4	8	3	6	9	5	1	2
1	5	3	7	8	2	4	9	6

176

1	6	3	7	2	5	8	4	9
8	9	7	1	4	6	2	3	5
5	2	4	9	3	8	7	1	6
4	8	2	5	6	1	3	9	7
3	5	1	4	7	9	6	2	8
9	7	6	3	8	2	1	5	4
6	3	8	2	5	4	9	7	1
2	1	5	6	9	7	4	8	3
7	4	9	8	1	3	5	6	2

177

5	3	9	8	7	4	1	2	6
1	2	4	6	3	5	9	7	8
7	8	6	1	9	2	4	3	5
9	6	5	7	2	1	3	8	4
3	1	8	4	5	6	2	9	7
2	4	7	9	8	3	5	6	1
4	7	2	5	6	9	8	1	3
8	5	3	2	1	7	6	4	9
6	9	1	3	4	8	7	5	2

178

6	9	8	2	3	1	4	5	7
1	2	5	8	7	4	6	9	3
3	4	7	9	5	6	8	1	2
5	1	9	7	6	2	3	8	4
2	8	6	4	1	3	5	7	9
4	7	3	5	9	8	2	6	1
9	3	4	6	8	7	1	2	5
8	5	1	3	2	9	7	4	6
7	6	2	1	4	5	9	3	8

179

4	3	2	1	9	5	8	6	7
7	9	8	6	2	3	1	4	5
6	5	1	7	4	8	9	2	3
8	7	4	2	6	9	3	5	1
1	6	9	3	5	7	4	8	2
5	2	3	8	1	4	6	7	9
3	1	6	4	7	2	5	9	8
2	4	5	9	8	1	7	3	6
9	8	7	5	3	6	2	1	4

180

4	6	9	3	7	2	5	8	1
8	2	5	1	4	9	3	7	6
7	3	1	6	8	5	9	4	2
6	7	2	8	9	1	4	3	5
9	5	3	7	6	4	2	1	8
1	8	4	5	2	3	6	9	7
3	1	6	4	5	7	8	2	9
5	9	7	2	3	8	1	6	4
2	4	8	9	1	6	7	5	3

181

7	4	6	5	2	9	3	1	8
1	5	3	4	8	7	2	9	6
9	2	8	1	3	6	4	7	5
6	3	2	8	9	4	7	5	1
4	1	7	3	6	5	8	2	9
8	9	5	2	7	1	6	4	3
3	7	9	6	5	2	1	8	4
5	6	1	7	4	8	9	3	2
2	8	4	9	1	3	5	6	7

182

4	8	1	9	3	5	2	6	7
5	9	6	7	8	2	1	4	3
7	2	3	6	4	1	8	9	5
1	5	9	4	7	3	6	2	8
6	4	2	8	5	9	3	7	1
3	7	8	1	2	6	4	5	9
2	1	5	3	9	4	7	8	6
8	6	4	5	1	7	9	3	2
9	3	7	2	6	8	5	1	4

183

2	9	3	7	6	8	5	4	1
4	1	8	3	5	9	2	7	6
6	5	7	1	4	2	8	9	3
8	4	5	6	9	7	3	1	2
9	2	6	8	3	1	4	5	7
3	7	1	5	2	4	9	6	8
1	8	9	4	7	3	6	2	5
5	3	4	2	1	6	7	8	9
7	6	2	9	8	5	1	3	4

184

5	1	9	3	8	2	4	6	7
2	4	8	6	7	5	9	1	3
3	7	6	9	4	1	8	2	5
4	8	2	7	9	3	6	5	1
9	3	1	2	5	6	7	4	8
7	6	5	4	1	8	2	3	9
1	9	7	5	2	4	3	8	6
6	5	4	8	3	9	1	7	2
8	2	3	1	6	7	5	9	4

185

2	1	3	4	5	6	8	9	7
4	6	9	7	1	8	2	5	3
7	8	5	9	2	3	1	6	4
1	9	8	2	3	4	6	7	5
5	2	4	6	9	7	3	8	1
6	3	7	5	8	1	9	4	2
9	4	1	3	6	5	7	2	8
8	7	2	1	4	9	5	3	6
3	5	6	8	7	2	4	1	9

186

5	6	7	3	9	1	2	4	8
9	2	3	4	6	8	1	5	7
8	1	4	2	7	5	6	3	9
6	5	1	9	8	4	3	7	2
4	9	8	7	3	2	5	6	1
3	7	2	1	5	6	8	9	4
7	4	6	8	2	3	9	1	5
2	3	9	5	1	7	4	8	6
1	8	5	6	4	9	7	2	3

187

6	5	2	7	4	8	3	1	9
4	8	9	1	3	2	5	6	7
7	3	1	6	9	5	2	4	8
3	2	8	4	1	9	7	5	6
1	6	4	2	5	7	8	9	3
9	7	5	8	6	3	1	2	4
5	4	6	3	8	1	9	7	2
2	9	3	5	7	4	6	8	1
8	1	7	9	2	6	4	3	5

188

5	7	8	3	6	9	2	1	4
3	2	9	1	4	5	7	6	8
6	4	1	7	2	8	5	3	9
4	1	3	2	8	7	9	5	6
8	9	2	4	5	6	3	7	1
7	6	5	9	1	3	8	4	2
9	5	6	8	3	1	4	2	7
2	3	7	6	9	4	1	8	5
1	8	4	5	7	2	6	9	3

189

11	15	8	4	2	5	10	3	6	12	7	9	14	1	16	13
2	1	12	14	13	8	6	9	4	10	11	16	7	3	5	15
10	16	9	13	12	4	7	14	1	3	15	5	6	2	11	8
5	3	6	7	15	11	16	1	2	8	14	13	10	4	9	12
8	9	11	2	1	7	12	15	14	6	4	3	5	16	13	10
15	12	5	6	11	13	3	16	8	1	2	10	9	7	4	14
1	14	4	16	5	2	8	10	7	9	13	11	12	6	15	3
13	7	10	3	9	6	14	4	15	16	5	12	2	8	1	11
4	11	7	15	14	10	9	12	16	13	3	2	1	5	8	6
9	13	14	8	7	3	11	2	10	5	6	1	4	15	12	16
3	5	16	10	6	1	4	8	12	7	9	15	11	13	14	2
12	6	2	1	16	15	5	13	11	4	8	14	3	9	10	7
16	4	3	11	10	9	15	6	13	14	1	7	8	12	2	5
7	10	15	5	8	12	1	11	3	2	16	4	13	14	6	9
6	2	1	12	3	14	13	5	9	15	10	8	16	11	7	4
14	8	13	9	4	16	2	7	5	11	12	6	15	10	3	1

190

3	2	10	14	15	4	1	9	5	16	11	7	6	8	13	12
6	15	12	13	16	11	10	8	1	14	9	2	3	7	5	4
8	11	5	9	7	2	3	6	15	13	4	12	14	1	16	10
16	7	4	1	12	14	5	13	10	3	6	8	9	15	2	11
4	9	1	3	5	12	2	15	13	7	8	10	11	16	14	6
13	5	7	6	4	9	8	14	11	12	15	16	1	2	10	3
10	8	11	12	6	16	7	3	2	4	14	1	5	13	9	15
15	14	16	2	11	1	13	10	6	9	5	3	12	4	7	8
2	10	14	5	9	3	6	11	8	15	16	4	7	12	1	13
9	4	3	11	1	10	16	2	7	5	12	13	8	6	15	14
12	1	13	8	14	7	15	5	3	11	10	6	2	9	4	16
7	6	15	16	13	8	4	12	9	1	2	14	10	11	3	5
5	13	2	15	8	6	9	4	14	10	7	11	16	3	12	1
14	3	8	10	2	13	12	16	4	6	1	9	15	5	11	7
1	12	6	4	10	5	11	7	16	2	3	15	13	14	8	9
11	16	9	7	3	15	14	1	12	8	13	5	4	10	6	2

191

```
 9 23  4  3 10 | 14  7 22 21 12 | 13 19  1 24 18 | 17 15 20  8  2 | 11  6  5 16 25
 7 22 25 24 13 | 17  3 23  4 18 | 20 14  2  8 15 |  6  1 11 16  5 | 10 12  9 21 19
 5 21  2 19 18 | 20 16  6  9 11 | 25 22  3 10 17 | 13  4  7 12 14 |  8  1 15 23 24
20 14 16  6 12 |  5  8  1 25 15 | 21 23  4  9 11 | 19 22 10 18 24 |  3 17 13  2  7
17 11 15  8  1 | 24 10  2 13 19 | 12 16  5  6  7 | 23 21 25  9  3 | 18 22 20 14  4
 2  4 12 11 14 |  1 18 17 23 16 | 19 24  6  5 20 | 25  8 22 15 13 |  9  3 21  7 10
19 25  1 22 17 |  8 20 13 24  9 | 18 12  7  3 16 | 21 10  2  6  4 | 15 14 11  5 23
10 24  9 20 16 |  7  5 25 22 21 | 15 17  8  1 13 | 14  3 12 11 23 |  6  4  2 19 18
13 15  3  7 23 |  6 19 14 10  4 | 22 21  9 11  2 |  5 18 17 24 16 | 12  8 25 20  1
 6  8 18  5 21 |  3 11 15 12  2 | 23  4 10 25 14 |  7 19  9 20  1 | 16 24 17 13 22
 8 12 20  4 19 | 18 25  9  3 14 |  1  6 11 16 21 | 15 24 13  7 22 | 17  2 23 10  5
18  1 13 25 11 |  4 21 10  5 23 |  2  7 12 17 22 | 20  6 14 19  9 | 24 15 16  3  8
16 10 14 15  6 | 19 12 24  2  7 |  3  8 13 18 23 | 11 17  5  1 21 | 25 20 22  4  9
21  5 23  2 22 | 15 17  8  6 20 |  4  9 14 19 24 |  3 16 18 10 25 |  7 11 12  1 13
24  7 17  9  3 | 22 13 16 11  1 |  5 10 15 20 25 | 12  2  4 23  8 | 19 21  6 18 14
11  9  8 14 15 |  2 24 20 19  5 |  7  3 16 23  1 | 10 12 21 22 17 |  4 13 18 25  6
 1  6 21 18  4 | 25 23 11  8 10 | 14 15 17 22 12 |  9 13  3  5 20 |  2 19  7 24 16
22 16 24 10 25 | 12 15 21  1 17 |  6  5 18 13  4 |  8 23 19  2  7 | 20  9 14 11  3
12 17  7 23 20 | 13 14  3 16  6 | 10 25 19  2  9 |  1 11 24  4 18 | 21  5  8 22 15
 3 19  5 13  2 |  9  4  7 18 22 | 24 11 20 21  8 | 16 14  6 25 15 | 23 10  1 17 12
25 13 19 12  7 | 10  9 18 14  3 | 16  2 21 15  5 | 24 20  1 17  6 | 22 23  4  8 11
14 18 11 17  9 | 23  2  5 15 24 |  8  1 22 12  3 |  4 25 16 21 19 | 13  7 10  6 20
15  3 10 16  5 | 11 22 19 20 25 | 17 13 23  4  6 |  2  7  8 14 12 |  1 18 24  9 21
23 20  6 21  8 | 16  1  4 17 13 |  9 18 24  7 10 | 22  5 15  3 11 | 14 25 19 12  2
 4  2 22  1 24 | 21  6 12  7  8 | 11 20 25 14 19 | 18  9 23 13 10 |  5 16  3 15 17
```

192

```
17  4  8 18  7 |  9 10  5 19 20 | 15 12 13  3 21 | 11 22  6 23  1 | 16 14 24  2 25
11  6 12  9 13 | 17 21 22  3 23 | 18 16 24 25  7 | 14  8 15 10  2 |  5 19  1  4 20
19 10  2 20  3 | 16 14  4  1  7 |  9  6 22 17 11 | 24 13  5 12 25 | 18 21  8 23 15
15 16  5 22 14 |  6 12 24 25  8 |  1 19  4 23  2 | 17  9 18 20 21 |  3  7 10 11 13
21 23 24 25  1 |  2 11 13 18 15 | 20  8 14  5 10 |  4 19 16  3  7 |  9 17 22  6 12
 6 15 18 10  2 |  4 19 12 20 17 | 16  7 21 22 23 |  9  3 24  5 11 | 25 13 14  8  1
14 19 16 21 11 | 18  9  7  6 22 | 13  2  3 15  4 | 10 20  1 25  8 | 17 12 23  5 24
 5  9 17 12  4 | 15 25  3 24 11 |  6 18  1 10  8 | 13 21 23  2 14 | 19 20  7 22 16
20  3  1 13 23 |  5 16  8  2 14 | 19  9 25 12 24 | 18  7 17 15 22 | 10  6  4 21 11
22 25  7 24  8 | 13 23 10 21  1 |  5 11 20 14 17 | 12  4 19  6 16 | 15  2  3 18  9
23 14  9  1 16 | 19  5 11  8  4 | 21 13 18 20 12 |  3 10  7 22 24 |  2 25  6 15 17
 3 12 15 19 18 | 23  2 25 13 24 | 22  1 11  8  5 |  6 17  4 14 20 | 21  9 16 10  7
10 24 20  6 22 |  7  3  1 14 21 | 23 17 16 19 15 | 25  5  2 18  9 | 11  8 13 12  4
13  8  4 17 25 | 10 22 16  9 18 | 14 24  7  2  6 | 15 11 21  1 12 | 23  3 19 20  5
 7 21 11  2  5 | 20  6 17 15 12 |  3 25 10  4  9 | 16 23  8 19 13 |  1 24 18 14 22
16  5 14  3 20 | 11  7 15 22  6 | 25  4 12 13 19 |  2 24  9 17 18 |  8 10 21  1 23
25 22 10 11 17 |  3 20 21  4  9 | 24  5  8  6 18 | 19  1 13  7 23 | 12 15  2 16 14
 9 13 19  7  6 | 14  1 23 12 16 | 17  3  2 11 22 |  8 15 10 21  4 | 24  5 20 25 18
12 18 21  8 24 | 25 13  2 17 19 | 10 15 23  1 16 |  5 14 20 11  3 |  4 22  9  7  6
 1  2 23  4 15 | 24  8 18  5 10 |  7 20  9 21 14 | 22 25 12 16  6 | 13 11 17 19  3
 4  7 25 16 10 |  8 18  6 11 13 |  2 14 15  9  1 | 20 12  3 24 19 | 22 23  5 17 21
24 17  3 15  9 | 21  4 20 16  2 | 11 23  5 18 25 |  7  6 22  8 10 | 14  1 12 13 19
18  1 22  5 19 | 12 15 14  7  3 |  8 21  6 16 13 | 23  2 25  9 17 | 20  4 11 24 10
 2 20 13 14 21 | 22 24 19 23  5 | 12 10 17  7  3 |  1 18 11  4 15 |  6 16 25  9  8
 8 11  6 23 12 |  1 17  9 10 25 |  4 22 19 24 20 | 21 16 14 13  5 |  7 18 15  3  2
```

152

● *P.002* 找不同

● *P.079-080* 数　回

1
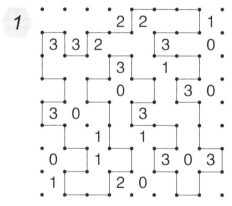

2
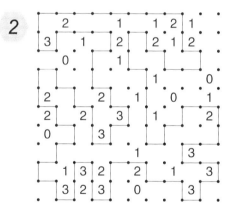

3
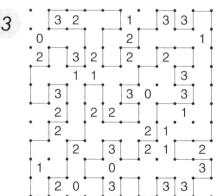

4
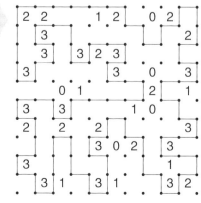

● *P.120* 数　和

1

■	■	3	4	■	8	7	6	■
■	3	1	2	■	7	9	8	6
1	2	■	3	1	9	■	7	9
3	1	4	5	2	■	4	9	8
■	■	3	1	■	3	1	■	■
2	4	1	■	4	6	2	3	1
1	2	■	3	2	1	■	9	8
3	1	5	2	■	4	9	1	■
■	3	2	1	■	2	7	■	■

2

1	3	■	1	2	6	3	■	■
4	1	■	2	3	7	4	1	■
2	5	1	3	■	8	5	9	7
■	2	4	■	1	9	■	5	9
■	■	3	7	2	5	1	■	■
1	3	■	8	4	■	2	8	■
2	1	3	5	■	2	3	5	1
■	2	1	6	4	3	■	7	2
■	■	2	9	8	1	■	9	7

● *P.121* 数　方

1

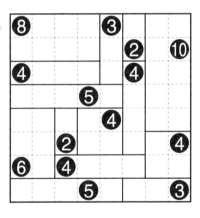

2

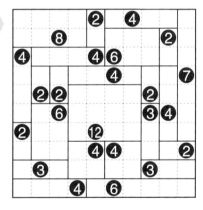

154

192

	4	8			9	10			20	15				21	11			23	1			24	2	
11	6			13	17			3	23			24			14	8			2	5			4	20
19			20	3			4	1			6	22	17			13	5			18	21			15
		5	22			12	24			1	19		23	2			18	20			7	10		
	23	24			2	11			15	20				10	4			3	7			22	6	
6	15			2	4			20	17			21			9	3			11	25			8	1
14			21	11			7	6			2	3	15			20	1			17	12			24
		17	12			25	3			6	18		10	8			23	2			20	7		
	3	1			5	16			14	19				24	18			15	22			4	21	
22	25			8	13			21	1			20			12	4			16	15			18	9
23			1	16			11	8								10	7			2	25			17
		15	19			2	25										4	14			9	16		
	24	20			7	3			21						25			18	9			13	12	
		4	17			22	16										21	1			3	19		
7			2	5			17	15								23	8			1	24			22
16	5			20	11			22	6			12			2	24			18	8			1	23
	22	10			3	20			9	24				18	19			7	23			2	16	
		19	7			1	23			17	3		11	22			10	21			5	20		
12			8	24			2	17			15	23	1			14	20			4	22			6
1	2			15	24			5	10			9			22	25			6	13			19	3
	7	25			8	18			13	2				1	20			24	19			5	17	
		3	15			4	20			11	23		18	25			22	8			1	12		
18			5	19			14	7			21	6	16			2	25			20	4			10
2	20			21	22			23	5			17			1	18			15	6			9	8
	11	6			1	17			25	4				20	21			13	5			15	3	

191

									12												6	5	16	25
	22	25	24	13	17				18				8	15		1	11				12	9	21	19
	21	2	19	18	20		6	9	11	25	22		10	17			7			8	1			24
				12	5		1	25	15	21	23		9	11					24	3				7
			8	1			2				16		6	7	23	21			3					4
		12	11	14			17				24		5	20	25	8	22						7	10
	25	1		17	8					18	12		3	16		10	2					11	5	
10	24				7	5		22	21	15			1	13					23	6	4	2		
13			7		6	19		10	4				11	2		18			16	12	8			1
		18	5													19	9							22
	12	20	4			25	9	3		1				21		24	13	7		17	2	23		5
						21	10	5			7	12	17			6				24	15	16	3	8
16		14	15	6		12	24	2		3	8	13	18	23		17	5	1		25	20	22		9
21	5	23	2	22				6			9	14	19			16	18	10						
24		17	9	3		13	16	11		5				25		2	4	23			21	6	18	
11							20	19													13	18		
1			18	4	25			8		14	15				9	13		5	20		19			16
		24	10	25	12					6	5			4	8	23		2	7				11	3
	17	7					3	16		10	25		2	9					18	21		8	22	
3	19						7	18	22	24	11		21				6			23	10	1		
25					10			14	3	16	2		15				1			22	23			
14				9	23					8	1		12	3	4	25	16		19	13				
15			16	5			19			17	13		4	6	2	7	8		12	1	18	24	9	
23	20	6	21				4	17		9	18				22				11	14	25	19	12	
4	2	22	1												18									